빈 일기

When Women Were Birds

Copyright ⓒ 2012 by Terry Tempest Williams
All rights reserved.
Korean translation copyright ⓒ 2022 Little Mountain publishing Co.
Korean translation rights are arranged with Brandt & Hochman Literary Agents,
Inc. through EYA(Eric Yang Agency)

이 책의 한국어판 저작권은 에릭양 에이전시(EYA)를 통해 Brandt & Hochman Literary Agents, Inc.와 독점 계약한 도서출판 낮은산에 있습니다. 저작권법에 의해 한국 내에서 보호를 받는 저작물이므로 무단 전재와 무단 복제를 금합니다.

빈 일기

침묵을 넘어 진화하는 여자들
WHEN WOMEN WERE BIRDS

테리 템페스트 윌리엄스 ●● 성원 옮김

일러두기

1. 옮긴이주는 모두 본문에 큰 괄호로 표시했다.
2. 원서에서 이탤릭으로 강조한 부분은 이 책에서도 이탤릭으로 표시했다.
3. 책 제목은 국역본이 있는 경우 참조하되, 이 책 저자의 의도를 살려 옮겼다.
4. 단행본·잡지는 《 》, 단편·연극·영화·TV 프로그램은 〈 〉를 사용했다.
5. 외국 인명·지명 및 외래어는 국립국어원의 외래어표기법을 따르되, 관계가 굳어서 쓰이는 것들은 관례를 따랐다.

무언가를 다른 이름으로 부르는 데 숨은 즐거움이 있다면 어쩌지?
— 래 아만트루

새, 새…… 행동에 들어갈 만반의 태세를 하고 있는 그들을 보라,
영(靈)의 딸들처럼……
여백이 무한한 흰 지면 위에서는,
그들이 측정한 모든 공간이 주문이다.
— 생 존 페르스

차례

1	9
2	11
3	14
4	16
5	19
6	24
7	28
8	31
9	34
10	39
11	41
12	43
13	46
14	51
15	53
16	54
17	55
18	63
19	64
20	71
21	76
22	84
23	94
24	99
25	102
26	106
27	109
28	115
29	118
30	125
31	126
32	137
33	138
34	140
35	143
36	144
37	151
38	152
39	156
40	162
41	173
42	177
43	180
44	184
45	187
46	190
47	197
48	201
49	203
50	207
51	211
52	220
53	230
54	235
에필로그	250
감사의 말	252
옮긴이의 말	255

1

나는 54살, 어머니가 돌아가셨을 때의 나이이다. 내 기억은 이렇다. 우리는 모헤어 담요 하나를 같이 덮고서 어머니 침대에 누워 있었다. 나는 사다리를 한 단 한 단 더듬듯 손가락으로 척추 뼈를 느끼며 어머니 등을 문지르고 있었다. 1월이었고, 밖에서는 무자비하게 맹위를 떨치는 추위가 우리를 옴짝달싹할 수 없게 조이고 있었다. 하지만 안에서, 어머니의 부드럽고 명료한 정신에는 고유한 온기가 실려 있었다. 어머니는 살고 있는 것과 똑같은 방식으로 죽어 가고 있었다, 또렷한 의식을 가지고.

"네게 내 일기장을 모두 남길게." 계속해서 어머니 등을 문지르고 있는데, 덧창이 내려진 창문 쪽을 향한 어머니가 말했다. "하지만 약속해야 해. 내가 가기 전까지는 일기장을 보지 않을 거라고 말야."

나는 그렇게 하겠다고 약속했다. 그러자 어머니는 일기장이 어디에 있는지 알려 주었다. 나는 어머니가 일기장을 간직해 왔다는 걸 몰랐다.

일주일 뒤 어머니가 세상을 떠났다. 그날 밤 달무리가 진 보름달이 떴다.

그다음 보름달이 떴을 때 나는 부모님 집에 혼자 있었다. 나는 어머니가 나타날 거라는 생각을 떨칠 수 없었다. 어머니의 부재는 어머니의 존재가 되었다. 어머니의 일기를 읽기에 알맞은 시간이었다. 일기장은 어머니가 말한 바로 그 자리에 있었다. 천으로 장정한 아름다운 책들이 꽂힌 세 개의 선반. 꽃무늬도 있고, 페이즐리 무늬도 있고, 단색인 것도 있었다. 책등이 선반 끝부분에 맞춰 완벽하게 정렬되어 있었다. 첫 번째 일기장을 펼쳤다. 비어 있었다. 두 번째 일기장을 펼쳤다. 비어 있었다. 세 번째를 펼쳤다. 역시 비어 있었다. 넷째, 다섯째, 여섯째도. 선반 하나하나에 꽂힌 어머니 일기장은 모조리 비어 있었다.

2

나는 어째서 어머니가 매년 일기장을 한 권 한 권 사 놓고 아무것도 적지 않은 채 물려주었는지 알지 못한다.

앞으로도 알 길이 없으리라.

백지 일기장이 안긴 충격은 두 번째 죽음이 되었다.

어머니의 일기장은 종이 묘석이다.

나는 54살, 어머니가 돌아가셨을 때의 나이이다. 20대 여성이던 시절에는 지금 내가 품고 있는 질문들을 이해할 수 없었을 것이다. 나는 어머니가 얼마나 젊은지 깨닫지 못했지만, 그게 어머니들의 자부심 아닌가? 자신의 젊음을 숨기고 아이들을 위해서만 존재하는 것 말이다. 자기 자신의 문제로 괴로워하지 않는 것은 어머니들의 전문 분야다. 자신의 문제에 면역이 된 어머니들은 자신이 사랑하는 이들의 위기만을 짊어진다. 그들은 그들 자신의 욕구를 다른 사람의 욕구로 덮는다. 그늘이 없는 이야기라는 게 있다면 아마 이런 식일 것이다. 여성으로서 우리는 직사광 안에서만 존재한다는.

여자들이 새였을 때, 우리가 아는 것은 달랐다.

우리는 우리의 가장 큰 자유가 야간 비행임을 알았다. 우리 자신을 위해 천상의 어둠을 훔쳐, 불확실성이라는 기쁨과 공포 속에서 우리가 직접 만든 별자리들과 별이라는 지성 속을 누빌 때임을.

어머니가 무엇을 하고자 했는지 그리고 무엇을 할 수 있었는지는 어머니의 비밀로 남았다.

우리에게는 모두 비밀이 있다. 나에게는 나의 비밀이. 말을 억누르는 것은 권력이다. 하지만 허심탄회하고 정직하게 다른 사람들과 말을 나누는 것 역시 권력이다.

나는 어머니 안에 있는 침묵을 알고 있었다. 그 침묵은 침범할 수 없는 어머니의 강점이었다. 틸리 올슨Tillie Olsen은 이 침묵을 연구했다. 그는 이렇게 말한다.

> 문학의 역사 그리고 현재에는 침묵이 짙게 드리워져 있다. (……) 나는 수년간 이에 대해 최대한 모든 것을 배움으로써 나 스스로 거의 침묵 상태가 되어 내 안에서 글쓰기가 사그라들고 또 사그라들게 해야 하는 각별한 필요가 있었다. 이것은-키츠가 지루한 고난agonie ennuyeuse이라고 말한- 자연스러운 침묵, 그러니까 자연스러운 창조의 순환 속에 놓인 부활, 휴면, 수태에 필요한 시간이 아니다. 내가 여기서 말하는 침묵은 부자연스럽다. 존재 상태가 되기 위해 몸부림치지만 실패하고 마는 무언가의 부자연스러운 좌절.

우리는 이 침묵을 개인의 십자가처럼 짊어진다.
목소리는 무엇인가?

나는 이렇게 말할 것이다. 내가 들었던 최초의 목소리는 어머니의 것이었다고. 자궁에서부터, 내 머리가 이 세상에 나오게 된 그 순간부터, 내가 밖으로 밀려 나와서 탯줄을 끊기 전에 어머니의 배 위에 놓인 그 순간부터, 어머니가 두 팔로 나를 안온하게 감싸 안은 그 순간부터 내가 들었던 것은 어머니의 목소리였다. 어머니는 내게 말했다.

"안녕, 아가. 네가 여기에 있구나. 나도 여기에 있단다."

나는 이렇게 말할 것이다. 어머니 목소리는 내 세포 안 자장가라고. 내가 잔잔해지면 내 몸은 어머니의 숨결을 느낀다.

3

경계. 문턱. 세상과 세상 사이에 놓인 나의 몸. 이 단어는 나를 원상태로 되돌린다. "나는 물이야. 나는 물이야." 나는 나를 곧추세우는 의식의 상태로 진화 중인 바다 세포들이다. 모래 해변에서 파도에 떠밀려 온 해초들이 만든 길을 따라 걸으며 조가비와 쇠고둥과 개오지와 소라고둥을, 하나하나 만지고 쥐고 귀에 갖다 대 소리를 듣기 전까지는 우리가 볼 수 없는 세상의 목격자들인 그것들을 줍는다. 보이지 않는 세상이 우리에게 말을 걸 수도 있다. 이 광막하고 출렁이는 대양이 우리를 요람처럼 어른다. 파도는 어머니들의 오르내리는 선율처럼 우리를 둥둥 띄운다. 우리를 구성하는 많은 것들이 소금물에서 비롯되고 여기에 그대로 남아 있다. 나는 또 다른 조가비를 집어 들고 소리를 듣는다.

> 어머니는 내게 일기장을 남겼고, 모든
> 일기장은 비어 있었다.

모르몬 문화에서 여성은 두 가지 일을 하라는 기대를 받는다. 일기장을 지니는 것과 아이를 낳는 것. 두 행위는 모두 과거와 미래에 참여 의사를 밝히는 인사와 같다. 이야기를 할 때 개인의 지식과 연속성이 유지된다.

어머니는 일기장을 지녔고 네 아이를 낳았다. 딸 하나와 아들 셋. 나는 어머니의 딸이다, 말을 사랑하는. 반복 재생되는 어머니의 일기장들이 내게 파도처럼 밀려온다. 나를 보호하는 유일한 방법은 그 아래로 뛰어드는 것이다.

4

어머니와 딸은 가장자리이다. 가장자리는 전이대, 이행대, 위험 또는 기회의 장소이다. 집 안에 고인 긴장. 나는 땅과 바다의 가장자리에 설 때 이 긴장을, 이 유동적인 이행의 선을 느낀다. 만조. 간조. 바다의 다가옴과 물러섬은 내게 우리가 인간이었던 기간이 아주 짧은 시간이었음을 일깨운다.

나는 태평양 가장자리에서 태어났다. 캘리포니아는 낙원이었다. 어머니는 매일 나를 데리고 귀향한 제비들의 보금자리인 카피스트라노 근처 해변으로 갔다. 아버지가 공군 기지에서 일을 보는 동안 어머니와 나는 모래에서 놀았다. 내가 파도의 리듬감 있는 소리를, 갈매기의 울부짖음을, 어머니 심장의 고요를 몸에 새긴 것은 바로 여기였을 것이다.

여기, 이 모래와 파도의 가장자리에서 나는 수평선을 보려는, 최대한 멀리 내다보고자 하는 욕구를 성장시켰을 것이다. 풍경에 대한 갈망은 한 번도 나를 떠난 적이 없었다. 바로 여기서 나는 그 힘과 숭고함을 깨닫고 물과 사랑에 빠졌고, 내가 사랑하는 것이 나를 죽일 수 있다는, 나를 무너뜨릴 수 있다는, 예기치 못한 파도로 나를 익사시키겠다고 위협할 수 있다는 진실을 체득하게 되었다. 아울러 내가 나에게 상처 주는 것으로부터 살아남을 수 있다는 걸 알게 된 곳 역시 이곳이었다. 나는 그 어떤 위험에도 다시 일어나 파도를 향해 뛰고 또 뛰는 나의 능력을 믿었다. 파도는 부서지고 나를 향해 돌진하여 내 발을 뒤덮고 다시 바다를 향해 차례차례 물러나곤 한다. 이것은 거대한 유혹이었다. 이 오고감의 가장자리에서 느끼는 희열은 끝이 없었다.

매일 밤 오렌지꽃과 바다 소금 냄새가 석양에 불을 붙였고 그 화염이 바닷속으로 서서히 잠겨 들어갔다. 나는 이제까지 한 해도 대양의 세례식을 놓쳐 본 적이 없다. 단 한 해도.

어째서 어머니와 물은 이런 관계일까?

양수가 터짐. 우리는 고정된 것이 아니라 유동적인 것에서 태어난다. 물은 본질적이다. 어머니는 본질적이다. 어머니로서의 대양은 그 힘으로, 위무와 파괴가 모두 가능한 창조의 힘으로 혼을 빼놓는다. 어머니와 나는 우리가 앉아 있던 해변에서 서로를 신뢰하게 되었다. 침묵 사이에서 우리는 함께 놀았다. 우리는 스스로 즐거웠다. 대륙의 가장자리에서 서쪽을 바라보며 우리는 주변의 평화와 폭력에 대한 이해에 도달할 수 있었다. 힘은 바다의 우레 같은 소리, 파도의 용솟음과 부서짐이다. 물은 반복되는, 생명의 집요한 앙코르가 아니라면 아무것도 아니다. 바닷속 생명은 표면과 깊이, 우리가 보고 상상하는 것이다. 우리가 낚싯줄을 드리우고 어망을 던지면, 물고기의 형태를 한 종교가 모습을 드러낸다.

어머니의 죄는 허기였다. 어머니는 말 한마디 없이 내게 자신의 허기를 넘겨 주었다. 고독은 물의 기억이다. 나는 사막에서 산다. 그리고 매일 목이 마르다.

어머니의 일기장을 펼치고 그 빈 종이를 읽었을 때 그것은 갈망으로, 어머니가 나에게 전달한 똑같은 허기와 갈증으로 번역되었다. 나는 이 이야기를 다시 써서, 어머니의 일기장 종이 위에 나 자신의 이야기를 만들어 낼 것이다.

5

나는 어머니의 일기장 빈 지면 위에 글을 쓰고 있다. 펜이 아니라 연필로. 나는 말소라는 개념을 좋아한다. 잉크의 영구성은 환상이다. 잉크는 바래고 종이 속으로 흡수된다. 물이 잉크를 더럽힐 수도 있다. 잉크는 끝이 있다. 연필은 여러 차례 깎을 수 있고 그 과정에서 소멸한다. 나처럼. 과거에 나의 말들은 불길에서 태어났다. 요즘 나의 말들은 물에서 태어난다. 양수가 터지면 여자는 해산에 들어간다. 출산이 임박한다. 상상력이 풀어 헤쳐지면 작가 역시 해산에 들어간다.

만물이 새롭게 느껴진다. 새해. 새로운 10년. 새로운 빈 지면. 나는 어머니의 일기장 빈 지면 위에 글을 쓰고 있다. 펜이 아니라 연필로. 나는 말소라는 개념을 좋아한다.

말소 Erasure

1. 적거나 새긴 글씨나 문자 같은 것을 문지르거나 긁어서 없앰; 지움.

2. 완전히 제거함: 그녀는 기억에서 그 비극적인 장면을 말소할 수 없었다.

3. (녹음테이프나 디스크에 기록된 자료를) 없앰: 그녀는 그 메시지를 말소했다.

4. (녹음테이프나 디스크에서 기록된 자료를) 없앰: 그는 우연히 그 테이프를 말소했다.

5. 살해를 뜻하는 속어: 그녀는 진실을 털어놓지 않도록 말소되어야 했다.
6. 금방 또는 손쉽게 소멸에 굴복함.
7. 무언가에서 문자, 글씨, 표시를 삭제함.
8. 제거함; 문질러 없앰.

기원: 1595~1605; 라틴어 ērāsus(ērādere의 과거분사), 라틴어 rāsus는 '긁어내다'라는 의미의 scraped와 동격, '지우다' '없애다'라는 뜻의 raze를 참조
품사: 동사

〈동의어〉
폐지하다
취소하다
암전되다
비우다
닦아 내다
검열하다
가위표하다
자르다
잘라 내다
지우다
무효로 하다
해치우다

없애다

제거하다

도려내다

말살하다

근절하다

들어내다

죽이다

세탁하다

부정하다

파기하다

망각하다

긁어 없애다

짓밟다

치다

쳐서 없애다

빼내다

정리하다

문질러 없애다

철수하다

X표를 하다

말소. 모든 여자가 알지만 입에 잘 올리지 않는 것. 내 손으로 말소한 경우 나는 개의치 않는다. 나의 선택. 단어를 쓴다. 적확한 단어가 아니다. 연필을 뒤집어, 지운다. 종이 위에서 뒤로 갔다가 앞으로 간다. 연필을 바로 세운다. 다시 시작. 지면 위의 돌부리, 잠시 멈춘다. 적절한 단어를 찾는다. 그 단어를 적는다. 한 단어 한 단어, 여자들의 언어는 속삭임으로 시작되는 일이 아주 잦다.

너에게 내 일기장을 전부 남길 거야…….

침묵이 선택일 때 그 존재감은 불안을 안긴다. 침묵이 강요된 것일 때 그것은 검열이다.

어머니의 일기장은 강박이다.

어머니의 일기장은 공동의 강박이다.

어머니의 일기장은 소유물이다.

어머니의 일기장은 이제 나를 소유한다.

어머니의 일기장은 욕망이다.

어머니의 일기장은 알고자 하는 나의 욕망이다.

어머니의 일기장은 증거이다.

어머니의 일기장은 어머니가 나를 알았다는 증거이다.

어머니의 일기장은 부재의 힘이다.

어머니의 일기장은 존재의 힘이다.

6

 아버지가 여러 주, 여러 달에 걸쳐 유타의 헬퍼나 와이오밍의 백스에서 파이프를 늘어놓고 가스 선 심는 일을 하러 집을 떠나 있을 때 어머니는 가장 고요해졌다. 그것은 우리에게 휴일과 비슷했다. 저녁식사는 느긋했고 집 안에는 아버지의 강렬한 에너지에서 자유로운, 휴가의 공기가 감돌았다.
 아버지는 우리의 행동 대장으로서 캐치볼을 하고, 등산을 하고, 사슴 사냥을 했다. 동네에 강도가 들면 무리를 조직해서 해결에 나섰다. 달음질치는 강이 있으면 그린강이든 콜로라도강이든 스네이크강이든 강과 함께 달렸다. 그 물길들은 지도에서 이탈하여 우리 혈관 속으로 흘러 들어왔고, 야생에 대한 아버지의 사랑을 아버지에 대한 우리의 사랑으로 바꿔 문신을 남겼다. 등산을 할 때나 오솔길을 산책할 때면 나는 딸로서 아버지 바로 뒤에 있었다. 티턴, 워새치, 로키산맥은 우리 가족 공동의 등뼈였다.
 우리는 매일 밤 모험 이야기로 하루를 마감했다. 우리가 제일 좋아하는 이야기는 도르 G. 예거Dorr G. Yeager의 《흉터가 있는 얼굴: 회색곰 이야기》였다. 우리는 아버지 무릎 위에 앉아 수목 사이를 돌아다니는 회색곰들, 그들이 무엇을 보고 어떻게 냄새를 맡는지, 발로 한 대 치기만 해도 힘이 얼마나 센지에 관한 아름다운 언어에 귀를 기울이며 그 이야기의 정서적 드라마뿐만 아니라 그런 장엄한 야수 이야기를 전달하는 아버지의 열정에 매혹되었다. 남동생들과 나는 황홀경에 빠져들었다. 무엇보다 아버지 존 템페스트는 이야기꾼이다. 하지만 우리는 분명히 알고 있었다. 아버지는 부츠를 신고 밖에 나가 참호 선을 따라 걸어 다니며 미국 서부를 가로지르는 고압가스선 작업을 입찰할 때 가장 충만하다는 것을.

어머니에게는 어머니만의 강렬한 에너지가 있었지만 그것은 억눌려 있었다. 특히 우리하고만 있을 때는. 어머니는 솔트레이크시티 무어몬트드라이브에서 살던 시절에 남동생 스티브와 나에게 프로코피예프의 〈피터와 늑대〉를 알려 주었다. 우리는 오후 내내 이 음악동화에 귀를 기울이며 바닥에 책상다리를 하고는 앉아 있었다. 레코드판이 끝까지 가면 우리는 바늘을 처음으로 돌려 다시 듣곤 했다.

우리가 프로코피예프의 마법에 걸려 있던 그 시간 동안 어머니가 무엇을 했는지는 전혀 기억이 없지만 나는 그게 핵심이었다고 확신한다. 우리가 피터와 함께하는 시간은 어머니가 어머니 자신과 함께하는 시간이었다.

리처드 헤일의 영국식 내레이션의 권위를 통해 스티브와 나는 각 캐릭터의 독특한 목소리로 인도되었다. 새는 플루트, 오리는 오보에, 고양이는 클라리넷, 할아버지는 바순이었고, 늑대는 세 대의 프렌치 호른으로 표현되었다. 피터의 존재감은 오케스트라의 현들이 연주하는 멜로디가 되었다. 케틀드럼은 소총 소리를 연주했다.

"어느 이른 아침, 피터는 문을 열고 커다란 초원으로 걸어 갔어요. 큰 나무의 가지에 피터의 친구인 작은 새가 앉아 있었죠. '모든 게 조용해.' 새가 명랑하게 재잘댔어요……"

이윽고 오케스트라의 여행이 시작되었다.

지금 내가 깨달은 것은 이렇다. 프로코피예프가 작곡하는 데 고작 나흘이 걸렸던 그 30분 동안 나는 목소리와 관련한 최초의 개인 지도를 받았다. 우리 각자에게는 목소리가 있다. 각각의 목소리는 독특하고 이야기할 만한 뭔가를 품고 있다. 각각의 목소리는 다른 사람에게 전달될 가치가 있다. 하지만 그러려면 귀 기울이는 행동이 필요하다.

〈피터와 늑대〉는 자연의 균형이 이야기를 통해 어떻게 짜 맞춰질 수 있는지에 대한 조기교육이기도 했다. 목소리의 각별함은 고유성을 띤 생태적 적소(適所)였다.

"오리를 본 작은 새는 풀밭 위로 날아가 오리 옆에 자리를 잡고 어깨를 으쓱했어요. '날지도 못하는데 네가 무슨 새니?' 새가 말했어요. 이 말에 오리는 이렇게 대답했죠. '수영도 못 하는데 네가 무슨 새니?' 그러고는 연못 속으로 잠수해 버렸어요."

남동생과 내게, 자연의 순환은 의식적으로 또는 무의식적으로 심포니의 다양한 목소리를 통해 이루어졌다. "그리고 아주 주의 깊게 귀를 기울이면 늑대 안에서 오리가 꽥꽥대는 소리를 들을 수 있었어요. 늑대가 너무 서두르다가 오리를 산 채로 삼켜 버렸거든요."

함께 변주되는 악기들 속에서 각각의 목소리에 귀를 기울이고 또 기울이던 우리는 초원과 숲에서 살아가는 하나하나의 생명이 가진 위엄과 독자성을 알아차리고 음미할 수 있게 되었다.

피터는 어머니가 우리에게 알려 주고 싶었으나 입 밖에 내지 못했던 것을 보여 주었다. 어머니는 문을 닫고 사라지는 척했을 수도 있지만 그 교훈이 어떤 것인지 알았다. 여기 세상이 있단다. 안전한 장소는 아니지만 아무리 인생이 무섭고 당황스러워도 우리는 공포를 이기고 피터가 그랬듯 늑대의 꼬리를 꼭 붙들어서 이 세상의 평화를 이룰 수 있어.

각각의 목소리는 하나의 장소에 속한다. 고독은 하나의 장소이다. 어머니는 자신의 손님을 맞이하고 자신과의 소중한 시간을 되찾는 동안 우리를 홀로 남겨 놓고 우리 자신의 손님을 맞이하게 했다. 어머니는 자신의 고독을 살지 않을 때는 그것을 응시하고 있었다.

7

어머니가 백지 일기장을 가지고 있었다면 할머니의 일기장은 현장 도감이었다. 정확히 말하면 로저 토리 피터슨의 현장 도감 같은. 도감은 한 권 한 권 터키석 빛을 띤 녹색 천으로 장정되어 있었다. 그 도감들은 별, 암석, 광물, 나무, 관목, 야생화, 조가비, 곤충, 물고기, 양서류와 파충류, 포유류, 새들을 목록으로 만들고 분류하고 삽화를 그려 놓았다. 할머니가 제일 좋아하는 안내서는 휴턴미플린사에서 1961년에 발행한 《서부 조류 현장 도감 A Field Guide to Western Birds》이었다. 감청색 책 커버에 흰색 활자가 찍힌 책이었다. 오른쪽 위편 구석에 바다오리 그림이 있고, 책 제목 아래의 흰 직사각형 안에는 비단풍금조와 연미복밀화부리가 한 마리씩 있었다.

내 책상 위에 할머니의 책이 놓여 있다. 책 커버가 해졌다. 그 책을 펼치면 면지는 전화선 위에, 나무에, 울타리 기둥에 앉은 새들, 운전을 하다가 도로변에서 볼 법한 새들의 실루엣이다. 개똥지빠귀, 까치, 산비둘기, 까마귀.

할머니는 특유의 빨간 펜으로 안쪽에 사선으로 이름을 서명해 놓았다. "캐서린 블래킷 템페스트, 1599 오차드 드라이브, 솔트레이크시티, 유타 84106." 한껏 멋을 낸 글씨다.

특정 새 옆에 딸린 삽화에는 할머니가 처음으로 이 종을 본 날짜와 장소를 적어 놓았다. 예를 들어 갈색지빠귀 이미지 옆에는 "1962년 불렌의 어느 목장"이라고 적는 식이었다.

내 도감과 할머니의 도감을 비교해 보면 내가 처음으로 보았던 많은 종들이 할머니의 새들과 일치하고, 기억이 되살아난다. 나는 친구 게일 플랫의 집에서 비단풍금조를 처음으로 보았다. 게일의 집 뒷마당은 솔트레이크를 관통하는 밀크릭을 품고 있었다. 게일의 생일파티가 한창일 때 그 풍금조가 나타났다. 나는 그 자리에서 우리가 하고 있던 게임을 관두고 마치 최면에 걸린 사람처럼 그 새를 따라갔다. 너무나도 보고 싶던 새였다. 아니나 다를까, 특유의 빨간 머리, 노란 몸통, 검은 날개가 눈에 들어왔다. 플랫 아주머니가 나를 따라 나와서 뭘 보고 있느냐고 물었을 때 나는 재빨리 미루나무에 앉은 새를 가리켰다. 내가 파티에서 옆길로 새 버린 데 짜증이 난 아주머니는 다른 아이들에게 돌아가라고 했다. 나는 할머니에게 전화를 해도 될지 물었고, 결국 전화를 걸었다. 몇 분 만에 할머니가 금빛 지느러미가 달린 캐딜락을 몰고 나타나서 파티를 하던 소녀들이 한 명씩 돌아가며 할머니의 쌍안경으로 빨갛고, 노랗고, 검은 그 새를 볼 수 있게 해 주었다.

이 순간에 대한 이야기는 우리 두 사람의 도감 모두에 담겨 있다. 할머니는 내가 다섯 살 때 나만의 도감을 주었다. 내가 기억하기로는 잠자리에 가져간 첫 책이었다. 나는 이불 밑에서 한 손에는 플래시를 들고 다른 한 손으로는 도감을 넘겼다. 채색된 새 한 마리 한 마리를 주의 깊게 들여다보았고 그 새들을 내 꿈으로 데려갔다.

대대로 사냥을 하는 집안에서 나는 아버지가 쏘아서 잡은 오리들의 이름을 배웠다.

나는 아버지에게 날개를 달라고 했다. 오른 날개. 왼 날개. 깃털을 모아서 꽃다발처럼 만들었다. 우리가 저녁식사 테이블에 앉아서 오리를 먹을 때 나는 시나몬쇠오리와 댕기흰죽지를 위해 침묵의 기도를 올렸다.

8

8월 초 아침 공기는 바삭한 청량함으로 얼얼했다. 지빠귀에 울새들이 합류해 위대한 심포니 오케스트라처럼 숲에 울려 퍼지는 선율을 만들어 냈다. 따사로운 아침 산들바람과 함께 풀잎이 리듬감 있는 동작으로 앞뒤로 구부러졌다.

1970년 여름에 내가 일기에 적은 문장이다. 14살 때였다.

미미와 나는 자연계에서 발견할 수 있는 비밀과 전율을 경험하고 관찰할 준비를 하고서 오두막 밖으로 나왔다. 우리는 아주 사소한 부분도 놓치지 않으려고 손에 쌍안경을 들고 걸었다. (……) 사시나무 잎 사이로 스며드는 따뜻한 태양을 느낄 수 있었다.

우리는 오래전에 번개를 맞고 쓰러진 낡고 울퉁불퉁한 통나무 위에 앉아서 침묵에 귀를 기울이고 또 기울였다. 아름다운 고요 말고는 아무 소리도 들리지 않았다.

할머니와 나는 미국에서 유일하게 동서 방향으로 뻗은 산맥인 유타의 유인타산맥에 있는 가족 오두막에서 지내는 중이었다. 우리의 목적지는 버드레이크Bud Lake였다. 미미 (할머니의 애칭)는 일찍 일어났다. "새를 볼 시간이야." 할머니가 속삭였다. 나는 할머니를 신뢰했고 우리는 동이 트기 전에 들판으로 나갔다. 여명 속에서 그 통나무에 앉아 있는데 새소리가 우리를 감쌌다.

> 새소리는 전염성이 있는 것 같았다. 이제 그
> 목초지는 흥분으로 들끓는 장소였다. 갑자기
> 덤불어치가 모든 생명체에게 경고라도 하듯 아주
> 시끄럽고 맹렬하게 울부짖는 소리가 들렸다.
> 그러다가 쥐 죽은 듯한 적막…… 위쪽 산마루에서
> 독수리 한 마리가 날아왔다.

우리는 그 황금색 독수리가 급강하하더니 발톱으로 쥐 한 마리를 움켜쥐는 모습을 목격했다.

> 한번은 버드레이크에 갔다가 할머니 얼굴을
> 보았다. 나는 할머니 안에 심오한 메시지가 들어
> 있다고 느꼈다. 할머니는 호수를 가만히 응시하고
> 있었고 나는 할머니가 마음을 누그러뜨리는
> 자연의 반복에 대해 생각하는 것으로 짐작했다.
> 헐벗은 가지가 봄 눈을 틔우리라는, 노란
> 민들레가 하얀 씨로 뒤덮이리라는, 각각의 생명이
> 그 자체로 귀중하다는 확신…… 미미는 나를

향해 이렇게 말했다. "우리는 자연의 일부란다."

젊음의 황홀경 상태에서 적어 내려간 단순한 단어들, 과장된 단어들. 나는 할머니와 함께 보낸 사시나무 숲에서 평화를 발견했다. 수피가 흰 나무들이 매달고 있는 일렁이는 둥근 이파리들의 보호를 받는 기름진 검은 토양. 이 장소에서 내 목소리는 뿌리를 내렸다.

내 일기장에 손으로 쓴 이 단어들은 내가 어릴 때부터 인생에서 모든 만남을 두 번씩 경험했다는 사실을 확인시켜 준다. 한 번은 이 세상에서, 또 한 번은 일기장 위에서.

나는 집에 돌아가서 아버지에게 이 내용을 읽어 드렸다.

"조금 화려하구나." 아버지가 말했다.

9

언어 장애는 목소리를 잃어버리기 딱 좋은 방법이다. 특히 4학년에는. 아이들이 쉬는 시간에 밖에서 놀고 있을 때 나는 언어 치료를 받기 위해 파킨슨 부인과 앉아 있었다. "혀 삼키기 수업." 부인은 말했다. "네가 혀짤배기소리를 극복할 수 있게 너희 선생님이 추천하신 거란다."

선생님은 부인에게 내가 혀짤배기소리를 낸다고 말했다. 나는 부끄러워서 얼굴이 빨개졌다. 선생님이 말하기 전까지는 내가 혀짤배기소리를 내는지 알지 못했다. 우리는 보통 자신의 목소리를 잘 듣지 못하니까. 친구들은 그맘때 아이들이 그렇듯 나를 놀리곤 했다. 때로 나는 아이들과 함께 웃었다. 때로는 같이 웃지 않았다. 비난과 조롱의 확실한 해결책은 단순하다. 아무 말 하지 않는 것.

학교에서 나의 커다란 두려움은 큰 소리로 책을 읽으라고 시키면 어쩌나 하는 것이었다. 그리고 만일 책 읽기에 걸릴 경우 s자가 들어가지 않는 단락이 주어지기를 기도했다. 혀가 꼬이게 만드는 유서 깊은 문장 "샐리가 해변에 앉아 있었다Sally sat by the seashore"는 내게 고문이었다. 나는 "피터 파이퍼가 고추 피클을 한 움큼 집었다Peter Piper picked a peck of pickled peppers" 쪽으로 대화의 방향을 바꾸려고 노력하곤 했다. 나는 이 심심풀이 문장을 외우고 있었다.

일주일에 세 번 파킨슨 부인과 나는 다양한 자음과 모음소리의 일러스트가 그려진 포스터들과 식물로 가득한 특수 교실에서 만나곤 했다. 부인은 내가 말을 할 때 혀의 방향을 옮겨서 삼키도록 돕곤 했다. 핵심은 혀 찌르기 습관을 멈추는 것이었다.

연습은 이런 식이었다. 부인이 내게 짭짤한 크래커를 주면서 혀 가운데 작은 공을 만들라고 지시한다. 공이 완성되면 나는 입을 벌려서 부인에게 보여 준다.

그다음에는 한껏 용기를 북돋운 다음 부인이 내 혀 끄트머리에 작은 고무 밴드를 감고(최소한 내 기억은 그렇다) 자신의 혀로 그것을 (내 입천장의 이랑 뒤에 있는) "그 지점" 어느 곳에 둬야 하는지를 보여 주었다.

나는 부인이 시범을 보인 대로 내 혀를 완벽한 위치에 두었고, 그러면 부인이 "이제 삼켜"라고 말하곤 했다.

나는 삼켰다. 부인이 지켜보는 가운데.

"아주 잘했다."

수업마다 크래커 한 통씩 해치우곤 했다. 그건 삼키기 수업이었다. 혀짧배기소리를 없애는 수업은 뭔가 달랐다.

내가 말을 할 때 보통 두는 곳(앞니와 오른쪽에 있는 "그 이웃" 뒤편)에 혀끝을 두고 "샐리"라고 발음하면 "텔리"라고 하는 것처럼 새는 소리가 났다. 하지만 혀끝을 입 반대편, 왼쪽 앞니와 그 옆에 있는 이 사이에 두면 산뜻하고 깨끗한, 정확한 소리가 났다. "샐리." 전혀 혀짧배기 같지 않은 소리.

내게 필요한 건 연습이었다. 파킨슨 부인과 나는 함께 시를 읽었다. 내 목소리가 부인의 목소리에 포개졌다. 부인은 내게 단어의 소리를 듣고 어떤 조합의 리듬과 음악성에서 즐거움을 찾는 방법을 알려 주었다. 이를테면, 다음과 같이 시작하는 에밀리 디킨슨의 시처럼.

> 어떤 사람은 안식일에 계속 교회에 가고
> 나는 안식일에 계속 집에 있지,
> 쌀먹이새를 성가대원 삼고,
> 과수원을 교회 지붕 삼아.

이 시에는 s로 시작하는 단어가 많았지만 나는 신경 쓰지 않았다. 이 시가 말하는 바가 너무 좋았기 때문이다. 나는 자아를 망각하고, 내가 그것을 어떻게 발음하는지 대신에 무엇이 말해지고 있는지에 온 신경을 모았다.

우리가 함께 읽은 시 가운데 내가 좋아했던 것 중 하나는 로버트 프로스트의 〈질문하는 얼굴Questioning Faces〉이었다.

> 때마침 비스듬히 날며 지나가던 겨울 올빼미
> 창유리를 깰 뻔하다 겨우 면했다.
> 불현듯 긴장한 날개가 펼쳐지더니
> 붉어진 저녁 끝자락에서 색을 낚아채
> 솜털과 깃털을 뽐낸다
> 유리창 너머 아이들을 향해

부인은 내가 새를 사랑한다는 사실을 알았다. 부인에게

올빼미를 사랑한다고 말했던가? 덕분에 나의 언어 치료사를 흠모하는 마음이, 우리가 함께하는 시간을 학수고대하는 마음이 더 단단해졌다.

나는 숙제로 이 시들을 어머니와 함께 큰 소리로 읽었다. "발-음-하-다." 부인이 천천히 말했던 것을 기억한다. 단어를 분명하게 말하는 연습. 낭독. 갑자기 말하기 기술이 재밌어졌다. 거기에는 듣기의 기술이 따라왔기 때문이다. 이 시들은 각각에 숨은 의미가 있는 수수께끼이자 비밀이었다. 그것이 어떻게 말해지는지가 중요했다. 내가 할 일은 낱낱의 단어를 최대한 아름답게 전달함으로써 그 단어들의 힘에 경의를 표하는 것이었다.

4학년이었던 그때는 두운이나 약강 5보격, 올빼미가 운명과 충돌할 위험에 처한 아이들의 천진함과 지혜를 상징한다는 사실 같은 것은 알지 못했다. 이런 자연과 문화라는 주제가 어떻게 내 안에서 자라나서 나중에 작가인 나를 사로잡게 될지도 알 수 없었다. 내가 아는 것은 오직 시들이 내 입과 귀로 전하는 즐거움뿐이었다. 나는 쉬는 시간을 희생함에도 언어 수업이 얼마나 좋은지 친구들에게 설명할 수 없었다. 시는 공 던지기나 축구장에서 장애물 넘기보다 더 재밌고 도전의식을 불러일으키는 놀이, 언어로 하는 운동 경기가 되었다.

파킨슨 부인은 인간의 목소리에 깃든 아름다움을 믿었고 내 목소리를 "악기"라고 말했다. 부인은 내가 전에 몰랐던 즐거움과 자신감을 가지고 말하는 법을 가르쳤다. 소리를 의식함으로써 내 부끄러움의 근원을 교정하도록 도왔다. 부인은 잘 들어야 한다고 강조했다. 나는 더 이상 수업시간에 책을 읽으라며 이름이 불려도 두렵지 않았다. 파킨슨 부인이 불안과 의심 너머 본질과 기술로 탄탄하게 뒷받침된 내 목소리의 잠재력을 일깨워 주었기 때문이다. 나는 점점 단어들을 사랑하는 사람이 되어 갔다.

내가 내 목소리를 찾아낸 게 아니었다. 내 목소리가 나를 찾아낸 것이었다. 시가 언어의 우아함과 서정성을 통해 어떻게 우리를 바꿔 놓는지를 이해한 선생님의 공감 능력을 통해. 파킨슨 부인은 시에 대한 자신의 사랑을 나와 공유함으로써 내가 두려워하는 자아를 넘어서서 말할 수 있도록 용기를 불어넣었다.

나는 우리의 두려움이 우리를 완전히 떠난다고는 믿지 않는다. 말을 하려고 일어설 때면 아직도 벌벌 떨린다. 어린 시절 혀짤배기소리를 내던 기억이 내 몸의 모든 근육에서 깨어나 피부 속 신경이 튀어나올 듯한 기분을 느끼며 하늘이 노래진다. 그리고 일군의 사람들 앞에 선 첫 몇 분간 나의 본능이 외친다. 지금 달아나, 아직 도망칠 시간이 있어! 하지만 이윽고 나는 잠시 뜸을 들이며 방을 둘러보고 누구의 눈이 나를 향하고 있는지를 확인한 뒤에 마치 나침반처럼 나 자신의 방향을 조정해서 단어들이 나보다 훨씬 힘이 세다는 사실을 떠올린다. 나는 심호흡을 하고 내 두려움에서 한 발 비켜나 떨리는 심장 안에 있는, 아름다움과 용감함이 만나는 장소에서 말하기 시작한다.

10

마틸다 토마스는 1년 전 새해 첫날에 태어났다. 마틸다의 아버지는 내 조카 네이트이다. 어머니의 이름은 진아, 1세대 한국계 미국인이다. 한국 전통에 따르면 아이의 첫 생일이 되면 아이 앞에 놓인 테이블에 부모의 직업, 이모나 삼촌의 직업, 손님들의 직업 등 여러 직업을 상징하는 물건들을 올려놓는다. 부를 의미하는 1달러짜리 지폐와 함께 군인을 상징하는 총알이나 장난감 총을 올려놓기도 한다. 아이는 이런 물건들 앞에 서서 마음에 드는 물건을 집으라는 응원에 둘러싸인다. 전통에 따르면 어떤 물건을 선택하든 아이는 바로 그 물건이 상징하는 직업을 갖게 될 것이다. 두 개 이상을 집으면 부수적인 열정이 있다는 의미이다. 마틸다는 요리사의 커다란 숟가락을 집었다. *셰프로군*. 마틸다가 아버지의 블랙베리 핸드폰을 집었다. *변호사로군*. 그리고 이모의 연필. *작가로군*.

나는 아무도 보지 않을 때 마틸다 귀에 대고 속삭였다. "연필은 지팡이이자 무기란다. 조심하렴. 너 자신을 보호해야 해. 그건 멋진 일이 될 수 있어."

어머니는 나에게 당신의 일기장을 남겼고, 어머니의 모든 일기장은 텅 비어 있었다. 에밀리 디킨슨은 침실에서 시를 썼고 그 시들을 대체로 비밀로 간직했다. 시인 수전 하우는 이렇게 말한다. "그는 침묵의 공간에 들어가기로 선택한 것이었는지 모른다. 권력이 더는 문제가 아니고, 젠더가 더는 문제가 아니고, 목소리가 더는 문제가 아닌, 인쇄된 책이라는 생각이 올가미처럼 보이는 공간으로."

마틸다 앞에 빈 종이 한 장을 놓아 줄 걸 그랬다.

> 마틸다에게, 나는 피에 적신 깃털 끝으로
> 너에게 이 편지를 쓴다…….

아니다, 그건 공정하지 않을 것이다.

> 마틸다에게, 나는 보이지 않는 잉크에 적신
> 깃털 끝으로 너에게 이 편지를 쓴다…….

레몬즙으로 비밀 메시지를 남기는 법을 우리에게 알려 준 사람은 어머니였다. 어머니는 레몬을 따서 손으로 조리대 위에서 굴린 다음 반으로 잘라서 즙을 짜 그릇에 담았다. 우리는 손에 미술용 붓을 들고서 양피지 종이 위에 우리의 단어들을 적곤 했다. 성냥을 켜고, 불꽃이 종이 아래서 타면 숨어 있던 것들이 마법처럼 나타났다.

> 어머니의 일기는 보이지 않는 잉크로 적혀 있다.

11

나는 눈으로는 볼 수 없지만 그게 없으면 목숨을 잃는 것에 매혹되었다. 《공기에 대한 모든 것 All About Air》은 내가 도서관에서 여러 차례 대출했던 책이다. 네 가지 기체가 공기를 만든다. 질소(78.09%), 산소(20.95%), 아르곤(0.93%), 그리고 이산화탄소(0.039%). 대기에는 수증기(2%)도 있다. 이 사실은 내게 자신감을 주었다. 보이지 않는 세상이 진짜였다.

나는 내 위에 있는 빛기둥 안에서 춤추는 먼지 입자들을 응시하며 거실 바닥에 생긴 햇빛 웅덩이에 누워 있곤 했다. 내 휴대용 공기 도감을 가지고 마른 피부 각질을 흙이나 모래, 아니면 바다에서 온 소금 입자와 구분하려고 했다. 연기와 꽃가루가 이 혼합물 안에 있었다. 나는 먼지벌레가 항상 우리 주위에서 맴돌며 공기 속에서 부유하는, 너무 작아서 보이지 않는 미세한 조각들을 먹는 상상을 했다. 태양은 우리가 무엇을 들이쉬는지를 내게 보여 줌으로써 정직한 중개인이 되었다. 하지만 내게 가장 큰 전율을 안긴 것은 수백만 개의 유성이 우리 대기로 진입하면서 매일 불탄다는 사실이었다. 그 결과 외기권에서 지구로 10톤에 달하는 먼지가 유입된다. 우리는 숨을 쉴 때마다 이 세상을 들이쉬기만 하는 게 아니라 우주를 들이마신다. 우리는 우주 먼지(stardust, 황홀한 매력이라는 뜻도 있다)로 이루어져 있다.

어머니의 일기는 약간의 질소와 약간의 산소와 약간의 아르곤과 약간의 이산화탄소와 수증기로 이루어져 있다. 모두 눈에 보이지 않는 입자들이다.

《우주 속으로 걷다》에서 메리 에블린 터커와 브라이언 토머스 스윔은 "별은 우리의 조상"이라고 말한다. "그것들로부터 만물이 발생한다. (……) 별의 창조성은 불안정 상태를 유지하는 데 좌우된다. (……) 그것은 중력과 융합 사이 (……) 바깥을 향한 확장과 수축 사이의 역동적인 긴장이다. (……) 별은 어마어마한 창조성의 자궁이다."

어머니의 일기는 열리고 닫힐 때마다 확장하고 붕괴하는 우주이다.

12

워새치산의 건조한 산록에서 은하수가 우리를 굽어보았다. 은하수는 잠자리에 들기 전 우리 눈이 횡단하는 밤길이었다. 이것은 그 자체로 진실을 내장한 나의 개인적인 우주였다. 내게, 진실은 내가 보고 들을 수 있는 것, 만지고 맛볼 수 있는 것을 토대로 삼았고, 그 어떤 종교의 교리보다도 믿음직했다. 문안의 종교는 나를 지루하게 만들었지만 문밖의 종교는 그렇지 않았다. 붉은허리발풍금새들은 작년의 잎사귀들로 이루어진 하층식생을 헤집고 다녔고, 푸른멧새는 녹색 덮개 속에서 노래하는 터키석 빛깔의 느낌표들 같았고, 푸른모기잡이는 끝없이 이어지는 야생 자연의 서사 안에서 쉼표가 되었다. 내 영감에는 날개가 있었다. 까치, 연미복밀화부리, 덤불어치가 가족이었다. 터키콘도르가 머리 위로 날아오르며 여름 더위 한복판에 예기치 못한 그림자를 던졌다. 방울뱀은 야외의 삶을 꼬이게 만드는 골칫거리였다. 우리는 소리를 먼저 듣고 나서 그 다음에 똬리를 튼 모습을 보았다. 그리고 셋까지 세기 전에 달렸다. 구름은 변화의 초점이 되었다.

학교가 파하는 순간, 우리의 "생포" 놀이가 시작되었다. 산에서 벌어지는 우리 식의 '보물섬'이었다. 동네 아이들은 덤불참나무 안에 작년의 트리하우스를 재건하기 시작한다.

이 끝없는 놀이의 핵심이 무엇이었는지에 대해서는 별로

할 말이 없지만 눈뜨는 순간부터 저녁식사 시간까지 우리가 거기에 빠져 있었다는 말만은 할 수 있다. 우리는 나무 위 전망 좋은 곳에서 서로를, 주로는 여자아이들이 남자아이들을 염탐했다. 내가 다른 어딘가에 살고 있는 다른 누군가라는 상상이 주는 달콤한 즐거움은 여름 내내 나를 사로잡기에 충분했다.

우리는 우리만의 언어를 만들었다. 지도를 그렸다. 그걸 땅에 묻었다. 찾아낸 유리 조각들을 가지고 우리만의 통화가 있는 공동체를 만들었다. 녹색과 갈색 조각은 흔했다. 라벤더색은 인기 있었다. 파란 유리는 드물었지만 세이지 군락을 뚫고 작렬하는 뜨거운 사막의 태양 아래서 반짝이는 빨간 유리는 거부할 수 없는 매력이 있었다.

어느 날 우리는 트리하우스에 앉아 있다가 바로 내 위에 앉은 흰 새를 발견했다. 이제까지 본 어떤 것과도 비슷한 구석이 없었다. 나는 할머니를 부르기 위해 집으로 달려갔다. 나무와 마주한 유리 슬라이드 문을 통해 그 유령새를 지켜보면서. 나는 이 신기한 새의 크기와 모양이 딱 개똥지빠귀 같다고 설명했다. 갈색 등과 검은 머리, 붉은 가슴만 빼면. 할머니는 가만히 귀를 기울였다. 우리 둘 다 손에 조류 도감을 들고 있었다. "아무래도 알비노 같구나." 할머니가 말했다. "색소가 없는 새란다. 눈동자마저 색이 없지." 알비노라는 그 단어는 내게 계시와도 같았다. 할머니는 *영적인 세계*에 대해 말하는 게 더 나았을 것이다.

실제로 그 새는 가장 흔한 새인 개똥지빠귀였다. 정해진 옷을 갖춰 입지 않고 빨간 눈에 온몸이 하얀 개똥지빠귀. 나는 영감이 떠올라서 이 새를 "성령"이라고 불렀다.

내가 8살짜리 탐조인으로서 우리 동네 오듀본 지부에 이 발견을 알리자 회장은 내 나이 때문에 "신뢰할 만한 목격"으로 인정하기 어렵다고 말했다.

할머니는 가볍게 고개를 저으며 말했다. "넌 네가 뭘 봤는지 알잖아. 그 새는 인정을 받을 필요가 없어. 물론 너도 마찬가지고."

13

 목소리를 가지려면 무엇에 의지해야 할까? 용기. 분노. 사랑. 말해야 하는 무언가, 말을 들어줄 누군가, 귀 기울일 누군가. 나는 일기장이라는 사적인 공간에서 수년간 나 자신에게 말을 해 왔다. 내가 해 본 유일하게 종교적인 행동은 일기장을 간직하는 것과 피임을 하는 것이다. 내 첫 일기장에는 자물쇠와 열쇠가 있었다. 밝은 파란색 가죽에 테두리가 금색으로 돋을새김 된 다이어리였다. 내 생각과 비밀들은 남동생들로부터 안전했다. 미미의 아버지이자 나의 증조할아버지인 로렌스 블래킷이 내 여덟 번째 생일과 모르몬교회 세례식을 축하하며 준 선물이었다.

 다이어리와 일기장에 대한 기대는 다르다. 다이어리는 매일 들여다보라고 요구한다. 이건 내가 할 수 없는 일이었다. 나는 거의 즉시 다이어리를 마음이 내킬 때 글을 적을 수 있는 일기장으로 바꾸었다. 지금도 어느 날의 일기를 각별히 기억한다. 암호로 적었기 때문이다.

 결심……
  결심……
   결심……
 우리는 마침내 잭슨 홀에 도착했다.

거기에는 점점 하강하는 실망감, 그다음에는 결의가 담겨 있었다. 내가 무려 50여 년 뒤에 이 문단을 되살릴 수 있는 이유는 거기에 담긴 딜레마 때문이다. 일기장에 진실을 말할까, 아니면 나만이 이해할 수 있는 단어로 내 감정을 숨길까? 여기에는 노련함이 필요했다. 나는 아무것도 누설하지 않고 나 자신과 내가 사랑하는 사람들을 보호하곤 했다. 나는 아버지를 비난하고 싶지 않았다.

징징대고 싶지도 않았다.(우리 집에서는 금지되어 있었다.) 하지만 내 좌절감을 표출할 필요가 있었다. 나는 문체, 상징, 속기법을 불러냈다. 누군가 자물쇠를 따고 내 단어들을 읽었을 때를 대비해서. 작가로서 나 자신을 감추는 법을 일찌감치 터득한 셈이다.

내가 하고 싶었던 말은 우리 가족 안에서는 일이 먼저였다는 사실이다. 우리는 실제로 차에 타기 전까지는 우리가 휴가를 갈지 말지 전혀 모를 때가 많았다. 불확실이 확실하게 존재했다. 모든 게 가족이 운영하는 파이프라인회사인 템페스트컴퍼니의 상황에 좌우되었다. 아빠가 일을 해야 하면 우리는 집에서 시간을 보냈다. 아빠가 시간이 있으면 우리는 길 위에 있었다. 부모님 사이의 팽팽한 긴장이 종종 부모님 침실 밖으로 새어 나오곤 했다. 어머니 혼자서 우리를 차에 태우고 떠나게 될까? 아빠가 나중에 따라오려나? 아니면 남동생들과 내가 고모와 삼촌과 사촌들과 함께 먼저 여행을 떠나고 두 분은 다음 날 같이 차를 몰고 오려나?

나는 실망했다. 우린 종일 기다렸다. 결국 결정이 내려졌다. 그렇다, 우린 티턴으로 갈 예정이었다. 나는 내 불만을 기록해 두었다.

"그 다이어리에는 그럼 뭐가 있어?"
"그건 다이어리가 아니야."
"그게 뭐든."
"혼돈, 그게 핵심이야."
— 도리스 레싱,《금색 공책》

모르몬 여자들은 글을 쓴다. 이것이 우리가 하는 일이다. 우리는 나날이 일어나는 일상을 새기면서 후대를 위해 글을 쓴다. 일기 쓰기는 기록하는 것이다. 그리고 나에게는 그런 게 수백 권, 깃털, 꽃, 사진, 단어로 가득한 일기장이 수백 권 있다. 자물쇠 없이, 내 서가에 누구나 펼칠 수 있는 상태로. 북극과 아프리카를 누비며, 브라질 프라도 미술관에서 며칠을 보내며, 프레리도그들과 몇 시간을 함께 보내며 현장에서 남긴 기록들로 가득한 일기장도 몇 권 있다. 달력과 장보기 목록과 가계부용 숫자들이 적힌 일지들이 집 안 곳곳에 흩어져 있다. 나는 손에 펜을 쥐지 않고서는 생각을 하지 못한다. 내가 기록하지 않은 것은 존재하지 않는 것이다.

어머니는 내가 이렇다는 것을 알았다. 필경사가 되도록 독려하는 모르몬의 문화 역시 알았고 충분히 이해했다. 어머니가 딸에게 물려준 소지품 안에는 우리 조상들, 특히 일부다처제 문화 속에서 여성들이 가장 우아한 필체로 남긴 일기장이 많다. 나는 고조할머니가 남긴 일기에 개인적인 자부심을 느낀다. 할머니는 남편이 "밭에서 괭이를 들거나 설탕무 한 부셸을 들여오지도 못해서 내 자질구레한 가사일 부담을 늘리기만 하는, 예쁘지만 병약한 어린것"을 세 번째 아내로 들였다며 질책한다. "애당초 어째서 그 아이가 집에 오게 되었는지는 상상에 맡길 뿐이다."

어머니는 말이 없는 사람이 아니라 프라이버시가 중요한 여자였다. 어머니는 종종 "난 사람들이 내 생각을 아는 게 싫다"고 말하곤 했다. 어머니는 코요테이자, 책략가이자, 자신의 이익을 다른 사람들의 이익으로 굴절시키는 여자였다. 어머니는 누군가와 함께 있을 때 상대 말에 귀를 기울였다. 그리고 헤어질 때가 되면 항상 상대가 어머니에 대해 아는 것보다 상대를 훨씬 많이 알았다. 어머니는 그런 방식을 더 좋아했다. 사람들과 함께 있을 때는 따뜻하고 자애로웠지만 프라이버시를 지키는 데 선수였다. 다만 친밀함이 조건이었다.

자신의 내면을 가장 가까운 사람들과 깊이 나눌 때 어머니 눈은 상대를 꿰뚫는 듯했다. "어떻게 생각해?" 어머니는 묻곤 했다. 어머니가 내게 물려준 것이 수수께끼라니 그럴싸하다.

어머니의 일기는 반항 행위이다.

어머니의 일기는 공격 행위이다.

어머니의 일기는 겸양 행위이다.

다른 사람에게 읽히는 것. 목소리가 들리는 것. 외형이 보여지는 것. 나는 읽히고 싶고, 다른 사람에게 내 목소리를 들려주고 싶다. 보여질 필요는 없다. 글쓰기에는 에고가 필요하다. 내가 하는 말이 중요하다는 믿음. 글쓰기에는 무엇이 자신의 뼈를 갉아먹는지를 발견하고 알아내게 만드는, 통렬한 호기심 역시 필요하다. 단어들은 거기에 무게감을 준다. 그것들을 어떻게 그리고 누구에게 전달할지를 결정하는 것은 스타일과 선택의 문제이다. 하지만 어머니 일기장의 비어 있음은 질문의 무게, 많은 질문들의 무게를 담고 있다.

어머니의 일기장은 질문이다.

14

어머니와 미미는 신학에 관한 길고 뜨거운 토론을 벌이며 미미의 거실에 앉아 있었다. 나는 귀 기울였다. 그들의 대화는 여자가 사제직을 맡고 신 앞에서 남자들과 평등한 권한을 갖는 것에 대한 내용이었다. 미미는 모르몬교회의 권력 구조는 절대 여자가 동등해지는 것을 허락하지 않으리라고 주장했다. 이 종교의 핵심이 여성의 복종이기 때문에.

어머니가 말했다. "남자들은 사제직을 맡을 수 있어요. 그걸 원하는 게 누구죠? 여자들에게는 각자의 권력이 있고, 그건 성문화할 필요가 없어요." 어머니는 진리에 대한 사랑을, 예수에 대한 믿음을, 그리고 자신이 교회 안에서 한 여성이자 어머니로서 가지는 권력에 얼마나 만족하는지를 표현했다.

미미는 열두 사도를 섹스를 두려워한 나머지 오히려 섹스에 집착한 "늙은 염소들"이라고 부르며 한술 더 떴다. 할머니는 모르몬교회가 교만하고 우월감에 젖은 "악마나 다름없다"고 일갈하기까지 했다. 1978년 이전이었던 당시에는 아프리카계 미국인들은 사제직을 맡는 것이 용납되지 않았다. 그들의 어두운 피부색은 과거 조상들의 범죄가 카인 그리고 그가 동생 아벨에게 자행한 살인과 관련이 있다는 증거이기 때문이다.

"성차별주의와 인종주의를 모두 어떻게 설명할 거니?" 미미가 물었다. "이런 건 신이 아니라 남자의 편견이야. 모르몬의 신은 아주아주 작아." 그러더니 할머니는 조지프 캠벨을 인용했다. "나는 신을 넘어선 신을 믿는다."

나는 빠르고 민첩한 선수들 사이에 놓인 네트 이쪽저쪽으로 공이 날아다니는 테니스 경기를 구경하는 기분이었다.

"어머니가 아들들을 키웠을 때는 다른 기분이었을 거라고 확신해요." 어머니가 말했다.

"맞아, 그랬지." 미미가 대답했다. "하지만 40년도 더 된 일이야. 난 내가 35살 때의 여자에서 70살인 여자로 변화했기를 바란다." 할머니가 어머니를 보았다. "세상은 변한단다, 다이앤. 우린 역사적인 이행기에 살고 있어. 교회에 있는 여자들이 바뀌고 있으니 이제 교회도 바뀌어야 할 거야."

어머니가 일어섰다. "변함없이 지속되는 진실이라는 것도 있어요." 어머니는 문밖으로 걸어 나가더니 몸을 돌려 말했다. "캐서린, 다시는 내 아이들 앞에서 교회에 대해 또 다른 부정적인 말을 듣고 싶지 않아요."

어머니는 떠났다. 나는 밤새 그곳에 머물렀다. 집 앞 포치에 미미와 함께 있는데 미미가 전지가위를 들더니 건조하게 말했다. "다이앤은 교회를 떠날 거야." 미미는 정원으로 몸을 기울여서 분홍빛이 도는 창백한 노란색의 티로즈 한 다발을 잘라 냈다. "화병에 꽂아 두자꾸나, 어떠니, 아가?"

15

 대화는 변화의 수단이다. 우리는 생각을 검증한다. 다른 사람의 목소리와 조화를 이루는 자신의 목소리를 듣는다. 그리고 귀를 기울이며 잠시 멈춘 시간 동안 우리는 새로운 사고의 영역으로 접근한다. 토론이라고 부르는 좋은 논쟁은 우리를 해방시킨다. 말은 위협을 느낀 새처럼 우리 입 밖으로 날아간다. 한번 풀려나온 말은 절대 되돌리지 못한다. 입 밖으로 나온 말은 집을 선택하고 새-말bird-words은 시학 안에서 차분해진다. 항상 의견이 일치하지는 않았지만, 나는 우리 집안 여자들과 함께 있으면 영감과 안전감을 얻었다.

 새의 노래가 "리허설 중인 진실"이 아니라면 달리 무엇이겠는가?

16

 첫 생리가 시작됐을 때 학교에서 어머니에게 전화를 걸었다. 나는 8학년이었다.
 "그게 나와." 내가 말했다.
 "금방 갈게." 어머니가 대답했다.
 집에 왔더니 어머니가 나를 위해 장미꽃잎을 띄운 목욕물을 받아 놓았다.

17

나는 나의 어머니이지만, 어머니가 아니다.
나는 나의 할머니이지만, 할머니가 아니다.
나는 나의 증조할머니이지만, 증조할머니가
아니다.

우리 집안에는 네 세대의 여자가 있었다. 증조할머니 빌레이트 리 롬니, 할머니 레티 롬니 딕슨, 어머니 다이앤 딕슨 템페스트, 그리고 나.

위의 말은 내가 스테이크컨퍼런스stake conference라고 하는 모르몬교 내부 모임에서 했던 말이었다. 나는 내 말하기 능력이 내 윗대의 여자들과 직접 관계가 있다는 것을 알았다.

그날, 1971년 9월 12일, 우리 집 주변의 기상 상황은 불확실함이었다. 어머니는 공격적인 형태의 유방암 진단을 막 받은 상태였다. 암은 림프절까지 퍼져 있었다. 예후가 좋지 않았다. 의사는 다그침을 받자 어쩌면, 운이 좋으면 "2년"이 남았다고 말했다. 어머니는 38살이었고 아직 15살도 안 된 네 아이를 두고 있었다. 아버지는 눈에 보이지 않는, 움직이는 모래 언덕 사이의 사막 모래 속으로 걸어 들어가듯 일 속에 파묻혔다.

나는 어머니가 침잠하는 모습을 지켜보았다. 어머니가 강철이 되는 모습을 지켜보았다. 어머니는 자신을 위해 다른 목소리를, 우리의 필요가 아니라 어머니의 필요를 포함하는 새로운 어휘가 요구되는 목소리를, 치유를 위해서뿐만 아니라 살아남기 위해 찾고 있었다. 나는 어머니가 다리를 오토만 위에 쭉 뻗고 격자무늬 의자에 앉아서 줄기차게 책을 읽는 모습을 지켜보았다. 옆에는 얼음과 라임이 들어간 다이어트 콜라에 빨대가 꽂혀 있었다.

어머니는 여자들의 전기를 사랑했다. 글로리아 밴더빌트가 쓴 《여자가 여자에게》 같은. 어머니는 저자의 퀼트를 향한 열정에 너무 감명받은 나머지 친구가 만든 퀼트 작품 하나를 액자에 넣어서 욕실에 걸어 두었다. 그래서 그 퀼트 액자는 어머니가 아침에 처음 보는 물건이 되었다. 이게 왜 그렇게 중요하냐고 물었더니 어머니는 "그건 여자들이 자기에게 남겨진 자투리를 가지고 자신들의 삶을 어떻게 엮어 가는지를 상징한다"고 말했다.

처칠은 어머니의 영웅이었고, 어머니는 처칠의 연설에 사로잡혔다. 어머니가 친구와 함께 1952년에 퀸 메리호를 타고 대서양을 건너 유럽으로 여행을 갔을 때, 어머니의 체크리스트 첫 번째 항목이 의회에서 윈스턴 처칠의 연설을 듣는 것이었고, 그 꿈을 이뤘다. 두 번이나. 어머니는 "우리는 우리 손에 넣은 것을 가지고 생계를 꾸리지만, 남에게 내어주는 것을 가지고 인생을 만든다"는 처칠의 말을 몸으로 구현했다.

어머니는 모성의 틀 속에서 글을 쓴 진보적인 사상가이자 모르몬 시인 캐롤 린 피어슨을 존경했다. 시집 《시작들》은 원칙을 해방으로 확장시키는 본보기가 되었다. 〈나의 계절〉에는 이런 구절이 있다.

> 그리고 당신의 모든
> 불충한 의심들은
> 파괴하지 못하리라
> 내 안에서.
> 자라나는 봄을

어머니는 유타대학교 페미니스트 이론 수업에 등록해서 수잔 그리핀의 《여성과 자연》과 함께 아넷 콜로드니의 고전 《대지의 노래: 미국의 삶과 문자에서 경험과 역사로서의 은유》를 탐독하고 공부했다. 어머니는 이런 문단에 밑줄을 그었다. "우리는 새로운 공간으로 들어선다. (……) 어머니의 존재감으로 가득한 공간, 그리고 모든 사람이 딸인 장소 (……) 그가 지배하는 장소 (……) 여지가 있다는 그의 느낌. 그가 채우는 장소. 허공을 맴도는 움직임……".

어머니의 일기는 허공을 맴도는 움직임이다.

그다음으로 어머니는 "우리는 무질서하다"에 밑줄을 그었다. 이 문장은 "우리의 고요함 아래 놓여 있는 것"이라는 제목 밑에 있었다.

하지만 어머니는 《포토플레이》와 《실버스크린》 같은 영화 잡지에서부터, 각성제와 진정제, 그리고 명성을 얻었다가 추락하는 여자들에 관한 재클린 수전의 1966년 베스트셀러 《인형의 계곡》까지, 할리우드의 모든 쓰레기 같은 것들도 멀리하지 않았다. 가십은 유익했다. 어머니는 내가 아는 가장 심오한 여성이자 가장 얄팍한 여성이었다. 그 소설의 책등은 우리 집 풍경 중 하나가 되었다.

나는 어머니의 딸로서 이 세상에서 나만의 길을 찾으려고 노력했다. 바야흐로 미국 사회는 세대 간 갈등이 전쟁 수준으로 벌어지고 있는 상황에서 시민권, 여성의 권리, 환경 운동이 자기 목소리를 내는 새로운 국면을 맞고 있었다. 나에게 베트남은 로버트 윌렛 주니어라는 이름이 적힌 은색 전쟁 포로 및 실종자 팔찌였다. 윌렛 대령은 발견되지 않았다. 나중에 나는 윌렛 대령이 몬태나주 그레이트폴스 출신이며 참전하기 겨우 6주 전에 결혼했다는 사실을 알게 되었다. 그는 1969년 4월 17일 라오스 상공에서 격추된 F100 슈퍼세이버의 조종사였다. 그는 라오스에서 행방불명되어 여전히 그 운명을 알 수 없는 6백 명의 미국 장병 가운데 한 명인, 작전 중 실종자이다.

혼돈은 물이 스며들듯 모든 문화적 균열을 비집고 번졌다. 고등학교 시절 내가 땡땡이친 날은 유타대학교에서 상영하는 〈핑크 플라밍고〉를 보러 간 날이었다. 나는 그저 새에 대한 다큐멘터리를 보러 가는 정도로 여겼다. 누구도 그게 아이다호 보이시로 이사한 디바인이라고 하는 드랙퀸에 대한 영화라고 알려 주지 않았다.

나는 너무 어안이 벙벙해서 자리를 박차고 나오지도 못

한 채 모든 금기가 도끼에 박살나는 광경을 지켜보았다. 피, 오물, 배설물, 그리고 식료품점에서 디바인의 다리 사이에 낀 날고기 조각 같은 이미지들이 내 앞에 펼쳐졌다. 나는 눈을 동그랗게 뜨고 할 말을 잃은 채 집에 돌아왔다.

어머니의 죽음이 자기 앞에 놓여 있으면 사물을 예민한 시각으로 바라보게 된다. 나는 다른 친구들처럼 엄마와 싸우는 호사를 누리지 못했다. 풋볼 경기의 의미나, 안타깝게도 내가 회장이었던 펩 클럽(스포츠정신을 고취하기 위해 다양한 활동을 하는 학내 동아리)을 넓은 아량으로 대하지도 못했다. 나는 회장 자리에서 물러나려고 애썼다. 내 안에서 파열이 일어나고 있었다. 가장 중요한 것은 가족과의 시간, 자연 속에서 보내는 시간, 나 자신과의 시간이었다.

좋은 친구들은 좋은 독서로 대체되었다. 책은 내 도덕적 발판, 교회가 나를 다독이지 못할 때 내게 위로를 주는 철학을 발견하는 길이 되었다. 헤르만 헤세의 《싯다르타》는 성스러운 교재가 되었다. 나는 집 근처 냇가에 앉아서 이런 말들을 곱씹곤 했다.

> 파랑은 파랑이었고, 강은 강이었다. 만일 파랑과 강 안에도, 싯다르타 안에도, 비범하고 신성한 것이 깃들어 있다면, 여기 노랑, 여기 파랑, 거기 하늘, 거기 숲, 그리고 여기 싯다르타가 바로 그 신성함의 길이자 목적이었다. 목적과 본질적인 성질들은 사물 이면 어딘가에 있는 게 아니라 그 안에, 모든 것 안에 있었다.

내 속에서 떠오르는 목소리의 핵심에는, 자연은 우리 외부뿐만 아니라 내부의 조화와 통일성의 비밀을 품고 있다는, 우리의 안팎은 구분되지 않는다는 믿음이 있었다. 갑충으로 변신한 그레고르 잠자는 나 역시 어느 날 변신한 모습으로 깨어날 수 있다는 믿음을 갖게 만들었다. 카프카의 〈변신〉은 창조적인 논픽션이었다. "그레고르 잠자는 어느 날 아침 뒤숭숭한 꿈에서 깨어나 거대한 곤충으로 바뀐 채 침대에 누워 있는 자신의 모습을 발견했다"는 문장은 책장에서는 이상해 보였지만 나에게는 가능할 뿐만 아니라 바람직한 일 같았다. 나는 1973년 이후로 다음 문장을 몸에 지니고 다녔다. "그리고 그는 지금은, 정확히 지금은 무슨 일이 있어도 의식을 잃어서는 안 된다."

부모님의 의식은 정통과는 거리가 멀었다. 우리는 푸카쉘 목걸이와 마크라메 팔찌가 유행일 때 하와이에서 한 계절 동안 홈스쿨링을 받았다. 하날레이에서 우리가 캠핑을 하던 곳에는 마법의 용 퍼프가 살았다. 그리고 어딜 가나 히피가 있었다. 우리는 모르몬교도들끼리 하는 농담을 아주 통쾌해하며 하곤 했다. "LSD(강력한 환각제)와 LDS(모르몬교도의 정식 호칭인 말일성도의 머리글자)를 섞으면 뭐가 되게?" 답은 약에 취한 사제A high priest였다(high priest는 대사제라는 의미도 있다).

강풍이 몰아치는 1960년대 야생의 해변은 거의 개발이 이루어지지 않아 성스러웠다.

백패킹을 하는 일요일도 지난 월요일과 다를 바 없었다. 온 가족이 나팔리 해변에서 하이킹을 하다가, 부서지는 파도위 풀이 우거진 습곡 절벽에 자리 잡은 나체주의 공동체를 하나하나 지나칠 때, 동생들과 나는 부모님의 표정에 번지던 선망을 바라보았다. 책임감은 두 분이 벗어 버릴 수 없는 옷이었다.

내가 나의 종교 공동체 앞에 놓인 설교단에 서서 나의 역사와 주권을 동시에 선언했을 때, 그때마저 나는 내가 금기를 깨고 있다는 사실을 알았다. 정확히 왜인지는 말할 수 없었지만 우리 모르몬의 역사가 길지 않음에도 불구하고 세월 속에서 깨어지지 않은 패턴을 따르라는 기대를 받고 있다는 사실을 알 만큼은 알았다. 하지만 종교의 역사는 개인의 역사에 뿌리내리고 있다. 특히 조셉 스미스(모르몬교의 창시자)와 함께. 진리에 대한 그의 갈망이 비전을 만들어 냈다. 진화가 영혼의 창의적인 적응과 진보가 아니라면 무엇이겠는가?

나는 마리화나를 피우거나 술을 마시는 방식으로 반항하지는 않았다. 나는 생각을 테스트했다. 목소리로 실험을 했다. 정해진 진리의 대기 안에서 내가 말할 수 있는 것, 그리고 여전히 들을 수 있는 것들을.

내가 "나는 나의 어머니이지만, 어머니가 아니다"라고 말했을 때 나는 나의 길이 나만의 것이 될 것이라고 말하고 있었다.

나를 제대로 읽어 낸 사람은 할머니 레티였다. 어느 다정한 순간에 할머니는 내게 자신과 할아버지에 대한 이야기를 들려주었다. "아가, 내가 이 얘기를 너한테 했는지 모르겠다. 생크가 데이비스컵 테니스경기에 출전하려고 보스턴으로 다시 비행기를 타러 갈 때 말이야. 내가 차를 몰고 생크를 공항까지 태우고 갔거든. 이른 아침이었고, 난 나이트가운 차림이었지. 그 시절엔 사람들이 비행기를 많이 안 타고 다녔는데, 생크가 정말로 겁을 먹었어. 나는 생크가 너무 겁이 나서가 아니라 그냥 나와 같이 가고 싶었던 거라고 생각하고 싶긴 한데, 손에는 여행가방을 든 채 게이트에 서서 탑승을 주저하더니 마지막 순간에 생크가 '레티, 나랑 같이 가자' 그러는 거야. 그래서 그렇게 했지. 나는 뒷면에 유타라고 적힌 작은 구슬 달린 인디언 벨트를 잽싸게 사서 내 나이트가운 허리에 둘렀어. 그리고 우린 아주 근사한 사건을 향해서 같이 날아갔지." 할머니는 잠시 심술궂은 미소를 짓더니 이렇게 말했다. "어머니는 전혀 몰랐고, 아버지는 아마 찬성하지 않으셨을 거야. 그렇지만 난 내가 어디서 온 사람인지 한 번도 잊어 본 적이 없단다."

18

 겨울이다. 큰까마귀들이 뼈 무더기 위에 서 있다. 생각을 모두 발라낸 흰 종이 위의 검은 활자체. 앉아서 글을 쓸 때마다 하는 일이다. 우리가 자신의 집념을 가지고 달리 무엇을 할 수 있을까? 집념이 밥을 먹여 주나? 아니면 우리는 그저 환한 하나의 이미지에서 우리의 기억을 뒤져 무엇이 우리를 추격하는지에 대한 진실을 말하려는 걸까?

 마그리트 뒤라스는 말했다.

 "글쓰기는 또 다른 말하기가 아니다. 그것은 침묵을 지키는 일이다. 소리 없이 울부짖는 것이다."

 오늘은 깨끗한 눈밭이 있다. 큰까마귀들이 전혀 찾아오지 않은, 눈보라가 깨끗하게 쓸고 간 태고의 경관. 어머니가 침묵으로 자신의 자취를 덮어 버리기 전에 그 자취를 따라나서야 한대도 이 풍경을 내어 주지는 못할 것 같다.

 어머니는 대단한 독서가였다. 어머니는 자신의 일기장을 나에게 남겼고, 모든 일기장이 비어 있었다. 어머니가 그 일기장이 누군가에게 읽히기를 바랐다고 믿는다. 이제 나는 그 일기장을 어떻게 읽을 것인가?

 나는 침묵이 두렵다. 침묵은 고통을 통해 평화에 이르는 길을 만들어 낸다. 산만하고 광기에 사로잡혔다가 잠잠해지는 마음의 고통.

19

두려움은 악마를 쫓아 버리기 위해 시끌벅적한 동반자
와 아수라장을 갈구한다.
— 칼 융

내가 침묵을 두려워하는 까닭은 나를 나 자신으로, 내가 별로 직시하고 싶지 않은 자아로 데려가기 때문이다. 침묵은 내게 귀 기울일 것을 요구한다. 그리고 귀 기울일 때 나는 미지의 장소로 떠밀려 간다. 침묵은 나를 감정의 장소에 홀로 남겨 둔다. 반드시 편안한 장소이기만 한 것은 아니다.

로마의 침묵의 여신 앙게로나는 고통과 평화 모두를 의미하는 자세로 서서 입술에 손가락을 대고 있다. 어머니는 자신을 알았고, 집착처럼 침묵을 지켰다. 그것은 오롯이 어머니의 것이었다. 어머니는 그것에 대해 글을 쓸 필요가 없었다.

나는 그럴 필요가 있다.

1952년 8월 29일 금요일, 데이비드 튜더라고 하는 피아니스트가 뉴욕 우드스탁의 매버릭 콘서트홀 무대에 올랐다. 그는 피아노 의자에 앉아서 상아빛 건반 위로 검은 뚜껑을 덮었고, 손에 든 스톱워치를 눌렀다. 이 시간 동안 그는 침묵의 악보를 한 장 한 장 넘겼다. 그는 악장 사이에 두 번 일어나서 피아노 뚜껑을 열고 닫았다. 4분 33초 뒤 이 피아니스트는 박수갈채를 받기 위해 자리에서 일어섰다. 청중은 충격에 빠졌다.

이 곡은 존 케이지가 작곡한 역작이었다.

"어떻게 듣는지를 몰랐기 때문에 그들이 침묵이라고 생각했던 것은 사실은 우연한 소리들로 가득 차 있었다." 존 케이지는 요즘에는 〈4분 33초〉로 알려진 캐츠킬에서의 초연을 이렇게 회상했다. "당신은 첫 악장이 진행되는 동안 밖에서 바람이 몰아치는 소리를 들을 수 있었다. 두 번째 악장에서는 빗물이 지붕을 두드리기 시작했고, 세 번째에서는 사람들이 직접 말하거나 걸어 나가면서 온갖 흥미로운 소리를 만들어 냈다."

소음을 숭배하는 사회에 소개된 침묵은 밤을 폭로하는 달과 비슷하다. 어둠 이면에는 우리의 두려움이 있다. 침묵 안에 우리의 목소리가 깃들어 있다. 양자는 모두 우리에게 고요할 것을 요구한다. 우리는 집중한다. 귀 기울인다. 보고 듣는다. 예기치 못한 것이 떠오른다. 존 케이지는 귀 기울이기라는 행위를 창조 행위로 이해한다.

"그것은 할 말이 있는 것과는 다른 문제이다." 그는 단호한 교사와 무지한 학생 사이의 가상 대화에서 이렇게 답한다. "유의미한 행위는 연극적이다."

〈4분 33초〉는 연극적이었다.

내 어머니의 일기는 연극적이다.

존 케이지의 침묵 협주곡은 다른 스캔들에 영감을 받은 스캔들로 여겨진다. 하나의 용감한 행위는 또 다른 용감한 행위를 낳는다. 특히 예술에서는. 1951년 미국의 미술가 로버트 라우센버그는 흰색을 탐구하기 위해 판넬 일곱 개를 연이어 만든, 가로 72인치, 세로 125인치 두께 1.5인치 크기의 캔버스에 유채화 작품 〈흰 그림White Paintings〉을 창작했다. 이 그림은 1953년 10월 스테이블 갤러리에 첫선을 보이면서 미술계에 충격을 안겼다. *이게 무슨 뜻이지?* 외에는 납득할 만한 서사를 전혀 부여할 수 없었던 것이다.

라우센버그는 말했다. "이 특수한 작품 집합은 어째선지 기벽의 아이콘 같은 것이 되었다. (……) 그것들은 당시의 미술계와 맞지 않았다. 나는 우리가 사물을 얼마나 멀리 밀고 갈 수 있는지를 확인하기 위해 그 작품을 만들었지만, 그것은 여전히 상당한 의미를 가질 것이다. (……) 그 독특함 안에는 그 안에 새겨진 어떤 용기 같은 것이 있다. 이 컬렉션에서 대부분의 작품은 나 역시 똥줄이 탈 정도로 겁먹게 만들었고, 나를 오싹하게 만들기를 멈추지 않았다."

이 시기에 존 케이지는 선불교에 깊이 빠져 있었다. 그는 바사르 대학의 한 연설에서 "그 안에 아무런 소리가 없는 작품이 있어야 한다. 우리는 숨 쉬는 공간을 상상할 수 있다"고 말했다. 이후 인터뷰에서 그는 "종국에 내게 그것을 할 용기를 준 것은…… 라우센버그의 텅 빈 흰 그림이었다. 나는 그 그림에 즉각적으로 반응했다"고 고백했다. 이 작곡가는 〈흰 그림〉을 빛과 그림자를 위한 "활주로"라고 생각했다. 라우센버그가 감행한 것은 침묵과 유사한 무언가였다.

하지만 라우센버그는 흰색이 가진 힘을 가지고 실험을 했던 최초의 예술가가 아니었다. 러시아 미술가 카지미르 말레비치는 커다란 흰 사각형 안에 삐딱하게 기울어진 그보다 작은 비대칭적인 흰 사각형을 그리고, 거기에 〈흰색 위 흰색 White on White〉이라는 제목을 붙였다. 그는 이렇듯 보이는 세계를 그리는 행위와 작별하는 것을 "절대주의suprematism"라고 명명하고, "순수한 감정 또는 인식의 우위"로 정의했다. 그가 이 흰 사각형을 그린 시기는 러시아 혁명 이듬해인 1918년이었다.

"흰색은 에너지-충동-그것은 질문이자 대답-그것은 정신의 총체"라고 리처드 파우제트 다트는 말한다. "흰색은 당신이 한없이 회귀하는 무언가이다."

바실리 칸딘스키는 흰색을 "침묵의 조화"라고 부른다.

존 케이지와 로버트 라우센버그가 개념예술가라면 어쩌면 나의 어머니 역시 개념예술가인지 모른다. 어머니의 "흰색" 일기장은 문화적 기대에 대한 자기만의 사적인 비평을 담고 있던 여성의 대위법적인 제스처일까?

어머니는 여성들의 일기를 풍자하는 패러디물을 만들고 있었던 걸까? 우리가 생활을 꾸리는 대신 글을 쓰면서 보내는 헛된 시간들을. 왜 우리는 지금 이 순간과 함께 존재할 수 있음에도 일기장 위에서 뒤를 돌아보는 걸까?

그것은 유아론(唯我論)(실재하는 것은 자아뿐이고 다른 모든 것은 자아의 관념이거나 현상일 뿐이라는 철학적 관념)에 대한 난폭한 거부, 자아보다는 세상과 어울리라는 어머니의 요청일까?

어머니의 일기는 관습에 대한 도전 행위이다.

어머니의 일기는 흰색의 스캔들이다.

어머니의 일기는 "침묵의 조화"이다.

사막에 대해 생각한다. 정오의 사막은 흰빛을 뿜어낸다. 침묵을 머금고 있는 장소가 있다면 바로 여기이다. *침묵, 그것은 당신이 귀 기울이고 있는 시간이다.* 나는 그것이 소리의 부재라기보다는 진동으로 느껴진다. 하지만 케이지가 시사하듯 "텅 빈 공간이나 텅 빈 시간 같은 것은 없다. 사실 우리가 아무리 침묵을 만들려고 노력해도 그건 불가능하다."

눈에 들어오는 무언가, 귀에 들려오는 무언가가 항상 존재한다. 침묵 속에서도, 아니 특히 침묵 속에서는 우리 주위의 온갖 소리가 그 존재를 드러낸다. 바람 소리, 새 소리, 곤충 소리. 어쩌면 케이지가 경의를 표하는 침묵은 고독에서 태어난, 우리가 자연계에서 추구하는 적막감인지 모른다. 우리의 듣기 역량이 고요함을 포용하는 능력에 의해 고조되는 곳.

사막에서 나는 종종 속삭인다. 노간주나무는 탁월한 공명판이다. 이 나무들은 바람이 부는 방향대로 모양이 잡혀 있다. 바위는 내가 하는 말에는 전혀 신경 쓰지 않는 듯하다. 하지만 바위는 구멍이 숭숭 뚫려 있어서 내가 바위에 대고 말을 할 때면 내 말을 듣고 그것을 자신의 부서짐의 일부로 받아들이는 것 같은 기분이 든다.

어머니의 일기는 내 말을 듣는 능력이 있다.

다시 존 케이지로 돌아간다. 제2차 세계대전 기간 동안 그는 더 부드러운 음색을 찾아다녔다. "전쟁이 터졌을 때 나는 반쯤은 지적으로 반쯤은 감성적으로 고요한 소리만 사용하기로 결심했다. 사회에 있는 큰 것에는 그 어떤 진리도, 선도 없는 것 같았다. 하지만 조용한 음은 외로움이나 사랑이나 우정과 비슷했다."

지금 우리나라는 다시 전쟁 중이다 보니 이 말이 똑같이 적용되는 듯하다. 우리는 두 전쟁에 참전 중이다. 큰 희생을 치르는 큰 전쟁들. 이 전쟁에 대해 말해지지 않는 단 한 가지는 아프가니스탄과 이라크 내의 갈등이 대체로 숨겨지고 부정된 채라는 점이다. 그들과 직접 싸우는 이들을 제외하고는. 어쨌든 이런 전쟁이 우리 바깥에 존재한다는 것은 국가적인 거짓말이다. 미국의 대테러전은 우리를 침묵시켰고, 우리를 말할 수 없을 뿐만 아니라 말하기를 두려워하는 몽유병 환자들로 만들어 놓았다. 전시에는 우리의 목소리를 고통받는 사람들을 떠받치는 지주로 사용할 수 있다. 전시에는 생존이 이 고통을 듣는 일에 좌우된다. 케이지는 깊은 듣기라는 예기치 못한 행위가 어떻게 안일함과 절망을 박살 낼 수 있는 변환의 공간을 만들어 내는지를 이해했다. 그는 우리의 상상력에 침투할 수 있는 의도적인 고요함으로서의 침묵을 용기 있게 요청했다. "이제 우리는 이 질문에 대답할 수 있어야 한다. '우리는 무엇을 해야 하는가?'라는."

20

　미미는 눈은 멀어도 아직 청력은 남아 있는 때를 대비해야 한다고 생각했다. 그래서 우리는 미미의 "오디오 프로젝트"에 참여했다. 그것은 미미의 거실 바닥에 등을 대고 눕는 일에서 시작되었다. 미미의 집에서 자고 가는 날 편하게 파자마를 입고 있으면 미미는 우리에게 "누워서 몸을 쭉 뻗으라"고 했다. 남동생 스티브가 긴 의자 하나를 차지했고 나는 다른 의자에 누웠다. 미미는 전등을 끄고 초를 켠 뒤 우리에게 눈을 감으라고 했다. "우린 새의 노래를 배워야 한단다."

　우리는 〈수액빨이딱따구리 숲의 저녁〉으로 날아갔다. 1958년 코넬조류학실험실에서 만든 최초의 포괄적인 녹음 기록 중 하나였다. 그다음 한 시간 동안 우리는 뉴욕주 북부의 이 숲에서 지저귀는 무수한 새소리에 귀를 기울였다. 우리는 자작나무와 소나무로 이루어진 대성당 안에서 분명하고 음악적인 꾸밈음을 공명시키는, 익숙한 갈색지빠귀 소리를 알아차렸다. 흰목참새가 "피바디, 피바디, 피바디"라고 부른다는 것을 알았다. 또한 우리가 알지 못하는 새들, 청솔새와 늪참새 같은 새들에 매료되었다. 황소개구리와 싸우는 줄무늬올빼미의 비명 소리가 들릴 때는, 어떤 새들은 전혀 새 같지 않다고 생각하기도 했다.

　시간이 흐르면 우리는 새의 이름 같은 건 흘려보내고 그저 소리의 환상곡에 잠겨 들었고 이윽고 잠이 들었다. 우리는 우리가 배워야 하는 것을 밤에 배운다.

다음 날 아침 남동생과 나는 담요를 덮은 채 거실에서 깨어났다.

미미는 결국 오듀본협회에서 만든 "가청오디트론"이라고 하는 소형 녹음 장치를 찾아냈다. 이 장치에 특정 새의 카드를 끼우고 버튼을 누르면 그 자리에서 바로 그 새의 노랫소리가 재생된다. 우리는 이 장치를 들고 야외로 나갔고 다양한 새들이 반응을 보였다. 검은머리박새는 늘 믿음직했다. 몇 분 내에 호기심 많은 여남은 마리가 *칙-아-디-디, 칙-아-디-디-디즈* 하는 소리와 함께 우리 주위를 에워싸곤 했다. 다른 새들은 박새보다는 경계심이 있었지만 우리가 인내심을 보이면 캣버드와 황금방울새가 화답했다. 우리는 소리를 들었을 뿐만 아니라 우리에게 화답한 새소리의 체크리스트를 만들었다.

내 친구 데이비드 로덴버그는 새들과 함께 즉흥 연주를 한다. 그는 피츠버그 국립 조류관에서 흰왕관웃음지빠귀와 함께 재즈 연주를 했다. 이들은 즉흥 연주를 하면서 함께 음악을 만들었고, 서로의 소리를 듣고 서로에게서 힌트를 얻어서 격정적인 리프를 창조했다. 데이비드에게 이건 이례적인 작업이 아니다. 그는 오스트레일리아에서는 거문고새들과, 그리고 전 세계에 있는 온갖 날개 달린 생명들과 함께 연주를 한다.

그는 또 다른 클라리넷 연구자인 앙리 아코카에 대한 이야기를 들려준다. 앙리 아코카는 제2차 세계대전 때 독일군의 포로가 되어 프랑스 작곡가 올리비에 메시앙과 함께 포로수용소에 보내진 인물이다. 그들이 포로로 붙들리기 전, 메시앙은 동틀 녘에 적군이 오는지 망을 보느라 참호에 앉아 있을 때면 새소리에 귀 기울이다가 무아지경에 빠지곤 했다. 메시앙은 어린 시절부터 새의 지저귐을 음성기호로 기록했다. 그것을 아직 음악 작품 속에 녹여 내지는 못했지만. 지금이 그때였다. 다른 음악가들, 첼리스트 한 명과 바이올리니스트 한 명이 그들과 함께 억류되어 있었다.

메시앙은 축사나 다름없는 어둑한 수용소 안 깊은 곳에서 이제까지 창작된 실내악 가운데 가장 혼이 느껴지는 곡,〈세상의 종말을 위한 사중주Quartet for the End of Time〉를 작곡했다.

로텐버그는 상상력을 자극하는 자신의 책 《새는 왜 노래하는가Why Birds Sing》에서 이 이야기를 이어 간다.

> 캠프에 있던 한 독일 장교 칼-앨버트 브륄Karl-Albert Brüll은 메시앙의 기량을 듣고 악보를 마련해 주겠다고 약속했다. (……) 적십자가 악기 몇 대를 제공했다. 수용자는 3만 명인데 고작 몇 대의 바이올린과 첼로, 그리고 단 한 대의 피아노가 다였지만. 아코카는 가까스로 자신의 클라리넷을 간직하고 있었다. 메시앙은 굴하지 않았다. (……) 첫 악장에서는 클라리넷과 바이올린이 검은지빠귀와 나이팅게일과 소리를 주고받고, 솔로 클라리넷은 3악장에서 노래하는 새의 한없는 열정과, 영겁의 길고 어두운 무게를 음악으로

연결하려고 시도한다.

메시앙은 작품에 대한 주석에 이렇게 적었다. "새는 시간과 정반대이다. 새는 빛에 대한, 별에 대한, 무지개에 대한, 득의양양한 노래에 대한 우리의 갈망을 상징한다." (……) 이 작품은 1941년 1월 15일, 인류가 아는 가장 끔찍한 전쟁의 한가운데서 초연되었다.

우리는 새들의 감사 속에서 살아간다.

모든 새는 때마다 다르게 노래할 수 있다.
모든 종은 장소마다 다르게 노래할 수 있다.
노래는 반복적일 수도, 임의적이고 예측 불가능할 수도 있다.
노래가 더 격조 높게 발달할수록 변주의 범위가 더 커진다.

종다리를 비롯한 싱어송라이터들은 독특한 레퍼토리를 완성하고 나이 든 새들의 노래는 젊은 새들에게 영향을 미치므로, 국지적인 방언에 기여한다.
— 존 베비스, 〈A부터 Z까지: 새들의 말〉

내가 어릴 때 배워서 알아들을 수 있게 된 방언은 서부들 종다리의 노래였다. "솔트레이크시티는 *예쁘고 작은 장소*"라고 지저귀는. 다른 새들은 이런 충성심을 표출하지 않았다. 이 새들은 가슴팍에 자랑스러운 검은 "V"자가 새겨진 노란 스웨터를 입은 우리 도시의 열렬한 응원단이었다. 봄철에 꾸준히 울려 퍼지는 이 서정적인 구절은 우리가 사는 산록의 초원에 잔물결을 일으키는 고향의 꾸밈음이었다.

눈이 안 보이게 될 거라는 미미의 두려움 덕에 나는 대부분의 새를 시각뿐만 아니라 소리로, 그리고 틀림없이 가슴으로 알고 있다. 새들은 지금도 나의 나침반 32방위이다. 내가 어디 있든 날개 달린 새들이 나의 위치를 일깨워 준다. 습지에는 빨간 날개 검은지빠귀, 해변에는 아메리카큰도요, 그리고 들판을 맴도는 황조롱이. 사실 새는 나를 내 남편에게 인도하기도 했다.

21

보통 나는 샘웰러서점의 서가에 새 책을 정리하는 일을 했지만 이 특별한 날에는 금전 출납기가 있는 계산대에 선발 선수처럼 서 있었다. 친구 한 명이 헝클어진 금발머리에 피부가 햇볕에 탄 아주 잘생긴 남자와 함께 가게 안으로 들어왔다. 우리는 인사를 나눴고, 두 사람은 책 무더기 속으로 사라졌다.

두 사람이 다시 나타났을 때 금발의 야성적인 남자는 책 십여 권을 들고 있었다. 나는 마음이 움직였다. 그가 들고 있는 책 무더기 중에 내가 제일 좋아하는 책이 몇 권 있었기 때문이다. 에드워드 애비의 《사막의 솔리테르》, J.G. 니이하트의 《검은 고라니는 말한다》, 에드워드 커티스의 《북미 인디언의 삶에서 가져온 초상화》, 레슬리 마몬 실코의 《의식》, 존 맥피의 《대사제와의 조우》, 로드릭 내쉬의 《야생과 미국의 정신》. 그에게는 피터슨의 《서부 조류 현장 도감》도 있었다. 나는 눈에 띄지 않으려고 애쓰면서 한 권 한 권 가격을 명부에 기입했다. 두 사람의 대화에 조심스럽게 귀 기울인 채.

"내 꿈은 언젠가 피터슨의 현장 도감 전권을 갖는 거야." 남자가 열정을 담아 말했다.

친구가 남자를 보며 말했다. "내가 들어 본 중에 가장 멍청한 꿈이다."

나는 생각할 새도 없이 끼어들었다. "전 이미 다 가지고 있어요."

우리의 눈이 만났다. "브룩 윌리엄스예요." 그가 말했다.

브룩과 나는 거울들에 둘러싸인 채 솔트레이크템플에서 1975년 6월 2일에 결혼했다. 우리는 손을 잡고 제단 양끝에 무릎을 꿇었다. 대가족이 우리를 에워쌌다. 나는 브룩의 눈을, 브룩은 나의 눈을 들여다보는 동안 우리 뒤에는 우리 자신의 이미지 안에서 만들어진, 우리가 아직 낳지 않은 아이들이 살고 있는 미래 세상의 숱한 환상들이 펼쳐졌다. 그림자는 전혀 없고 오직 "영겁의 세월" 속에서 당신이 사랑한 사람의 눈부시게 밝은 모습만 존재했다. 우리는 우리만의 행성에서 남신과 여신이 되고 싶은 것과 다름없는 기대에 부풀었다. 출산은 결혼의 지엄한 맹세였다.

1년 전 나는 티턴과학학교의 학생이었다. 책임자인 테드 메이저는 카리스마 있고 직선적이었다. 그 역시 모르몬 가정 출신이었고, 솔트레이크시티에서 자랐다. 그와 그의 형 잭은 노련한 오지 스키선수여서 유타주 알타의 유명한 가루눈에 익숙했다. 테드는 제2차 세계대전 기간 동안 데이비드 브로워(환경단체인 〈지구의 친구들〉 등을 만든 환경운동가)와 함께 제10산악사단 소속이었고, 나중에는 알래스카에서 생물학을 가르쳤다.

그와 그의 아내 조안은 와이오밍으로 옮겨 와서 목장에서 일했고, 결국 잭슨에서 테드가 가장 사랑하던 일로 되돌아갔다. 바로 학생들을 가르치는 일이었다. 그와 조안은 1968년 와이오밍 위슨에서 친구들의 지원을 받아 작은 여름 현장학교를 시작했다. 도움을 준 친구들 중에는 생물학자 프랭크 크레이그헤드, 지질학자 데이비드 러브, 보존주의자 마디 뮤리가 있었다. 당시로서는 급진적이었던 이 일은 미국 최초의 환경교육센터로 발전하게 된다. 나는 유타주 오듀본 소식지에서 유타대학교 교육학과 교수인 플로렌스 크랄 박사가 이끄는 티턴에서의 주말 생태학 수업에 관한 광고를 보고 연락했다.

와이오밍 잭슨홀까지 차를 몰고 가면서, 와이오밍 코크빌 외곽의 들판에서 춤추는 캐나다두루미떼를 본 나는 이건 최초로 목격된 새로운 현상이라고 확신했고, 즉시 공중전화로 가서 나의 조류학 교수인 유타대학교 윌리엄 H. 베를 박사에게 전화를 걸었다.

"이렇게 전화까지 걸다니 테리, 너 참 사랑스럽다." 박사는 상당히 품위 있게 말했다. "두루미는 사실 9백만 년 가까이 짝짓기 춤을 추고 있단다." 그는 잠시 뜸을 들였다. "그렇다고 해서 전율을 느낄 만한 일이 못 되는 건 아니지."

테드 메이저는 자연세계에 대해 더 알고자 하는 나의 허기를 채워 주었다. 그와 플로렌스 크랄 박사는 질문으로 이루어진 대화문을 만들었다. 내가 빨갛게 죽어 간다고만 생각했던 로지폴소나무가 그들이 화재생태학이라고 소개한 이야기의 일부가 되었다. 소나무딱정벌레가 나무의 형성층으로 들어가서 나무를 죽이면 이제 산불이 일어날 준비가 끝나는 것이다. 테드는 숲에서 열기와 함께 일어나는 화염에 대해,

솔방울이 쪼개지며 벌어져서 이듬해 로지폴의 부활을 위해 불에 그을린 토양에 씨를 떨어뜨리는 것에 대해 이야기했다.

"로지폴솔방울은 몇 년 동안 벌어지지 않은 채로 있다가 불이 나야만 팡 하고 열릴 수도 있다"고 테드는 말했다. "그걸 폐성구과라고 하지."

젊은 모르몬교도 여성이었던 내 귀에는 "그리스도의 부활"처럼 들렸다.

테드 메이저는 대답보다는 질문에 더 신경을 썼다.

테드가 몇 번이나 "나도 몰라"라고 말했는지는 셀 수도 없다. 나는 여기서 영감을 얻었다. 나는 과거에는 알지 못했던 언어에 내가 몸담고 있는 것을 발견했다. 서로 관계를 맺고 연결되는 언어. 떠나고 싶지 않았다. 내 호기심은 만족을 몰랐다.

테드 메이저는 내가 처음으로 만난 민주당원으로, 세자르 차베스(농장노동자 운동가)의 "손상된 인간의 서식지에서는 모든 문제가 들러붙는다"는 주장에 공감하는 구식 진보주의자였다. 우리는 자연사에 대해 이야기하면서 정치에 대해서도 이야기했다. "야생을 지키려면 교육과 법이 필요해." 그는 말하곤 했다. 법, 역사, 종교, 인종주의, 종차별주의, 보건 등 모든 게 책임감 있는 시민이라면 공부해야 할 것들이었다. 테드는 진정한 애국자였다. 그의 나라 사랑에는 야생도 들어 있었다.

*생태학*이라는 단어를 처음으로 접하게 된 때이기도 했다. 나는 18살이었다.

그곳을 떠나기 전 테드가 대학에 있는 그의 친구에게 자료 꾸러미를 돌려주는 일을 대신해 줄 수 있겠냐고 물었다. 친구의 이름은 데이비드 라스킨. 심리학 교수이자 선도적인 거짓말탐지기 전문가였다. 그는 1970년대 심바이어니즈 해방군(SLA, 1970년대 초에 미국 캘리포니아주를 중심으로 활동하던 좌파 과격 조직)에 납치당한 뒤 도리어 그들에게 합류한, 신문 언론 재벌인 윌리엄 허스트의 손녀이자 허스트 가문의 유일한 상속녀 패티 허스트를 거짓말탐지기로 직접 조사한 적도 있었다.

다음 날 나는 라스킨 박사의 연구실 문을 두드렸다. 검은 수염에 아주 강렬한 인상의 남자가 문을 열었다. 방해받고 싶지 않다는 기색이 역력했다. 나는 재빨리 나를 소개하고 티턴과학학교에서 막 돌아왔으며 테드 메이저가 나에게 이 꾸러미를 전해 주라 했다고 말했다.

"어땠어요?" 그가 물었다.

나는 울음을 터뜨렸다.

"그렇게 나빴어요?"

"아니요, 너무 좋았어요."

"들어와요."

우호적인 심부름이 한 시간에 걸친 대화로, 아니 어쩌면 상담에 가까운 어떤 것으로 바뀌었다. 거짓말탐지기 검사 같은 것은 필요하지 않았다. 그 시간이 끝날 즈음 데이비드 라스킨은 깍지 낀 손을 머리 뒤에 대고 의자에 기대어 앉았다.

"그런데 마침 우리 학과에 환경학 장학금이 있고, 그런데 마침 신청 마감일이 오늘이에요. 그런데 마침 아직 아무도 신청하지 않았죠."

그다음 15분 동안 나는 신청서를 작성했고, 받아들여졌고, 우리는 나를 다시 티턴과학학교로 돌아가게 해 줄 여름 프로젝트를 설계했다. 나는 그랜드티턴국립공원에서 관광객의 행태를 연구할 것이었다.

장학금은 500달러였다. 라스킨이 바로 전화를 걸자 그랜드티턴국립공원은 내게 하루에 3달러씩 지불하기로 했고, 나는 과학학교로 돌아가게 되었다. 그곳 최초의 인턴으로. 동식물연구가로서 토요일 아침 탐조 산책을 진행하는 일도 맡았다.

템페스트 집안의 전형적인 방식대로 우리 가족 전체가 차를 타고 나와 함께 과학학교로 갔다. 나는 그곳에서 그해 여름을 보낼 예정이었다. 테드와 아버지는 놀라울 정도로 죽이 잘 맞았다. 두 사람 모두 자기 의견 펼치기를 좋아했다. 두 사람 모두 자신이 옳다고 생각했다. 그리고 두 사람 모두 산을 사랑했다. 매력적인 나의 어머니는 어떤 식으로든 긴장이 발생하면 모서리를 부드럽게 만들었고 조안은 뭐 하나 놓치는 법이 없었다. 악수를 하고 포옹을 나누었다. 두 남동생 댄과 행크에게 잘 가라고 말할 때 눈물이 흘렀다. 어머니가 내게 헨리 데이비드 소로의 인용구, "당신만의 월든 연못을 찾기를"이 적힌 액자를 건넸다.

가족들이 떠났고, 나는 내가 묵을 오두막으로 가서 리바이스 청바지와 등산화와 카우보이셔츠 몇 벌과 《월든》을 비롯한 책들을 꺼냈다.

그 여름이 끝나 갈 무렵, 나는 테드와 조안을 따라 윈드리버로 7일짜리 배낭여행을 떠났다. 우리는 와이오밍에서 가장 높은 봉우리가 눈에 들어오는, 팃콤 분지 높은 곳에서 야영을 했다. 해발고도 4207미터의 개닛 봉우리.

우리는 정상과 아주 가까운 곳에서 코요테 한 마리가 전속력으로 눈밭을 내달리는 모습을 관찰했다. 코요테는 멈췄다가 주위를 둘러보더니 눈 위에 앉아서 풍경을 내다보았다. 내가 다른 생명체에 대해 인간으로서 느꼈던 그 모든 경계선이 해체되었다. 우리 역시 풍경 속으로 들어갔다.

집으로 돌아와 학교로 차를 몰고 가던 중에 우리는 가죽이 벗겨진 코요테 한 마리가 목장의 가로장에 목이 매달려 있는 것을 보았다. 테드는 학교 버스를 몰고 있었다.

그가 차를 세우고 내리더니 항상 벨트에 차고 다니는 벅 나이프로 밧줄을 끊자 코요테가 풀려나면서 테드의 품에 안겼다. 우리는 버스에서 나와서 테드 주위를 한 바퀴 돌았다.

"여긴 예전에 엘보 목장이었어요." 그가 말했다. "옛날 사람들 중엔 우리가 하는 일을 마음에 안 들어 하는 치들이 있죠."

나는 미미에게 그날 벌어진 일을 설명하는 편지를 썼다. 미미는 이렇게 답장을 보냈다. "우리는 상상력과 의지를 통해 인간으로 진화하지. 네가 이런 잔혹한 행위를 눈으로 확인하는 게 얼마나 힘들었을지는 알지만, 나이프를 휘두른 사람들에 대한 통찰을 얻기를 바란다." 나는 코요테의 가죽을 벗기는 사람과, 기둥에서 줄을 끊어서 풀어 준 사람에 대해 생각했다. 두 사람 모두 같은 무기를 사용했고, 둘 모두 강력한 몸짓이었다. 어떤 순간에 표시를 해 둘 수 있다면 그 순간은 나의 것이었다. 나는 "코요테 부족"의 일원이 되었다. 나는 개닛 봉우리를 오르던 코요테에게, 엘보 목장에서 살육과 순교를 당한 코요테에게, 침묵하지 않겠다고 맹세했다.

어머니의 일기는 몸짓이자 맹세이다.

나는 야생을 이해하는 브룩이라고 하는 남자를 만났고 그 남자와 결혼했다. 내가 고개를 젖히고 하울링을 할 때 그는 이해했다. 우리는 출구 없는 억압과 제한의 방이 되어 버린 정통 신앙 안에 너무 오래 억류된 난민이었다. 그는 몸의 육체적 즐거움을 통해 말했다. 내가 그를 만났을 때 그는 이미 개닛 봉우리에 올라 본 적이 있었다. 여름에는 가파른 산에서 등산을 했고, 겨울에는 경사가 급하고 깊은 비탈에서 스키를 탔다. 어린 시절부터 제일 좋아하는 책은 《어린왕자》였다. 제일 좋아하는 구절은 "절대 길들여지지 않는 것을 조심해야 해".

22

 교사들의 의전은 엄격했다. 우리는 서로를 성으로만 불러야 했다. 이름은 절대 부를 수 없었다. 나는 겨우 스물한 살이었는데도 윌리엄스 부인이었다. 수업이 끝나면 아이들은 항상 줄을 서서 교실을 나서기 전에 나와 악수를 하며 "아름다운 수업 감사합니다, 윌리엄스 부인"이라고 말해야 했다. 내 수업이 칭찬을 받을 만하든 그렇지 않든.

 1976년 가을, 나는 보수적인 철학으로 유명한 카든학교의 생물 교사로 채용되었다. 상관없었다. 그저 가르치고 싶었을 뿐이다. 내 교실이 주어지고 1학년부터 9학년까지 가르치게 될 것이었다. 매 학년이 한 주에 두 번 내 수업을 들으러 왔다.

 교장은 제프스 부인이라고 하는 키가 크고 완고한 여성이었다. 부인은 남편 제프스 씨와 함께 솔트레이크시티 카든학교를 세웠다. 이들은 존 버치 협회(반공주의와 작은 정부를 지지하는 미국의 극우 단체)의 든든한 회원이었다. 이 학교는 수수한 드레스코드를 요구했다. 발가락이 보이는 신발은 금지였다. *발가락은 매력적이지 않으니까.* 원피스는 무릎을 덮어야 했다. 모자는 가급적이면 쓸 것을 권장했다. 내 스키용 모자는 아니었다.

 나는 이런 지침을 받아 들고 이 정도는 받아들일 수 있다고 생각했다. 브룩의 어머니 로즈마리가 내게 습지를 표현한 원단으로 원피스를 만들어 주었다. 부들과 잠자리 무늬가 있는 노란 면 저지였다. 나는 그 원피스를 사랑했고 학교용 사진을 찍을 때 그 옷을 입었다. 제프스 부인은 내 옷이 너무 요란하다고 생각했다.

"자기가 가르치는 과목을 옷으로 광고하지 않는 게 좋을 것 같군요." 교장이 말했다.

그럼에도 그들은 내게 교실 열쇠를 건넸고, 나는 바로 교실 꾸미기에 들어갔다. 바깥을 드나들 수 있는 꿀벌과 여왕벌이 완비된, 창문형 벌집을 구입했다. 학생들은 창문을 통해 벌들의 사회활동을 볼 수 있을 것이었다.

녹색 판지를 오려서 생물학, 생명 공부라는 글자를 만들었다. 암석과 깃털과 조개껍데기를 사들였다. 서가를 도감과 자연세계에 관한 온갖 책들로 채웠다. 게시판에 커다란 산 풍경화를 만들어 붙이고 아이들이 거기다가 지역의 새들, 포유류, 양서류, 파충류, 어류, 곤충, 식물 그림을 직접 그려서 채워 넣는 상상을 했다. 학생들이 "자연"을 탐구하도록 영감을 불어넣어 줄 만한 분위기를 만드는 일은 황홀감을 선사했다.

그날 내가 마지막으로 한 일은 칠판에 "환영해요. 내 이름은 윌리엄스 부인이에요. 창밖에 뭐가 보이나요?"라고 적는 것이었다. 나는 손뼉을 쳐서 분필 가루를 털어 낸 뒤 전등을 끄고 교실 문을 닫았다. 개학은 2주 뒤였다. 다음 날 나는 브룩과 함께 알래스카로 떠났다.

데날리국립공원에서 상쾌한 심신으로 돌아온 나는 2학년 첫 수업 생각에 잔뜩 들떠서 카든으로 향했는데, 도착해 보니 내 교실이 완전히 헝클어져 있었다. 공공 기물 훼손범의 짓인가? 벌은, 암석은, 내 조개껍데기들은 다 어디 갔지? 어째서 칠판이 지워지고 잘라 낸 글씨들이 사라진 거지? 나는 수업 30분 전에 제프스 부인의 방을 찾아갔다.

"들어와요." 부인이 말했다. "집에 온 걸 환영해요, 윌리엄스 부인. 무슨 일이죠?"

"제프스 부인, 끔찍한 일이 일어났어요. 제 교실에 있던 게 다 사라졌어요."

"최상의 학습은 깨끗한 환경에서 이루어지는 법이에요, 윌리엄스 부인. 우리가 더 토론할 문제가 있나요?"

나는 말문이 막혔다.

"제프스 씨가 그 잡동사니들을 다 치웠어요. 그리고 첫날부터 학생들 앞에서 *생물학*이라는 단어는 절대 쓰지 않도록 하세요."

"네?"

"*생물학*이라는 단어는 우리 학생들에게 부적절해요."

"저는 제가 그걸 가르치라고 채용된 줄 알았는데요."

제프스 부인은 자리에서 일어나서 갈색 울스커트를 반듯하게 매만지고는 커다란 책상을 돌아 나왔다. "과학이죠, 윌리엄스 부인. 당신은 과학을 가르치라고 채용된 거예요. *생물학*이라는 단어는 성적인 재생산을 암시하니까 여기 카든에서는 그 단어를 절대 들이지 않을 거예요." 부인은 내 어깨 너머를 바라보았다. "학생들이 부인을 기다리고 있을 텐데요."

솔트레이크시티 카든학교에서 교사로서의 첫날은 그렇

게 시작되었다.

나는 아이들과 사랑에 빠졌기 때문에 제프스 부부의 괴상함을 에두르는 법을 익혔다. 사실 나는 제프스 부인의 교수 능력을 존경했다. 특히 참관 요청을 받았던 부인의 읽기와 문학 수업을. 학생들은 부인의 스토리텔링 솜씨에 넋이 나갔다. 부인은 고전을 사랑했고 낭독의 힘을 믿었다. 학생들에게 각자의 플롯을 상상해 보라고, 저자가 어느 방향으로 데려갈 것 같은지를 예측해 보라고 권했다. 친구 짐과 함께 미시시피강에서 손수 만든 뗏목을 타고 둥둥 떠내려가는 허클베리 핀이 마치 그레이트솔트호수로 향하는 것 같았다.

9학년 수업에서 셰익스피어의 희곡 《줄리어스 시저》를 다뤘을 때 그들은 시저가 로마공화정을 어떻게 로마제국으로 변모시켰는지를 상상했다. 그다음에는 리더십에 대한 대화가 이어졌다.

문학은 삶이었고, 독서는 익숙한 것 너머의 세계로 가는 열린 문이 되었다. 학생들은 부인을 사랑했고 동시에 두려워했다. 부인의 교수법에는 내가 완전히 이해하지 못한 어떤 깊이가 있었다. 한 번은 내가 하던 어떤 특별 수업이 완전히 통제 불가 상태가 되어서 교실에서 복도로 나와 문을 닫고 눈물을 흘리며 문에 기대어 서 있었다. 제프스 부인이 지나갔다.

"문제가 있나요, 윌리엄스 부인?"

"아닙니다, 제프스 부인."

"명심하세요, 당신의 교실은 자아를 비추는 거울이라는

걸 말이에요." 부인은 이렇게 말하고는 자기 방으로 힘차게 걸어갔다.

1970년대는 고래보호운동의 절정기였고, 나는 고래목 동물들의 고난에 어느 누구보다 사로잡혔다. 나는 브룩과 내가 결혼하던 해인 1975년에 시에라클럽에서 출간한 조앤 매킨타이어의 《물속의 마음: 고래와 돌고래의 의식을 기리는 책》을 읽었다.

미미는 나를 캘리포니아 해안에서 떨어진 고래 관찰 여행에 데려갔다. 거기서 우리는 귀신고래들과 눈을 맞추면서 그들이 물 위로 솟아오르는 모습을 보고, 고래가 물속으로 잠수하기 전에 아주 가까이서 꼬리로 바다를 내리칠 때 입술에 묻은 소금물을 맛보았다. 미미는 빅서Big Sur에 있는 에설런이라고 하는 장소에 대해 이야기해 주었다. 그곳에서는 여성과 돌고래 간 실제 섹스를 비롯한 종간의 소통이 이루어진다고. 무엇이든 가능했다. 내가 목에 걸고 다니던 가죽 줄에 매달린 은회색 고래 펜던트는 상징이 아니라 종교였다.

내 1학년 학생들 역시 고래를 사랑했다. 나는 높은 창문들을 파란 종이로 덮고 모든 책걸상을 옆으로 옮긴 뒤 전등을 껐다.

전축을 켜고 로저 페인의 앨범 〈혹등고래의 노래〉를 올렸다.

우리는 고래들이 어떻게 위협받고 있는지, 그들이 망망대해에서 서로를 발견하는 게 얼마나 어려운 일인지 토론했다.

나는 아이들에게 바닥에 누워서 눈을 감고 혹등고래의 구슬프고 깊고 낭랑한 울음소리에 귀 기울여 보라고 했다. 아이들은 고래가 된다는 게 어떤 것일지 상상하는 데 그치지 않고 정말로 고래가 되어 교실 안에서 야성적으로 신나게 헤엄치기 시작했다. 나는 볼륨을 올리고 아이들과 함께했다.

갑자기 문이 벌컥 열리더니 전등이 켜졌고, 고래의 노랫소리가 급작스럽게 중단되면서 레코드판 위에서 바늘이 긁히는 소리가 들렸다.

"대체 이게 뭐하는 거죠?" 제프스 부인이 말했다.

"우리는 짝짓기 상대를 찾는 고래예요!" 한 1학년생이 무릎으로 선 자세로 소리쳤다.

그다음으로 내가 기억하는 것은 화가 많이 난 교장선생님에게 떠밀리듯 교실에서 나왔던 것이다. 부인이 내 귀를 잡아당겼다고 생각하지는 않지만 그랬을지도 모른다.

나는 곧바로 부인의 방으로 끌려갔다. 부인은 인터컴으로 제프스 씨를 불렀다. 부인은 책상을 덮고 있는 황금색 글씨가 박힌 갈색 가죽 패드에 손가락을 톡톡 치면서 앉아 있었다. 제프스 씨가 반짝이는 바닥에서 아무런 소리도 내지 않는 분별력 있는 신발을 신고 부인의 방으로 달려왔다.

"네, 제프스 부인?"

제프스 부인은 자신이 목격한 충격적인 장면에 대해, "윌리엄스 부인의 교실에서 나던 최악의 공포스러운 소리"를 어떻게 듣게 되었는지에 대해 남편에게 말했다. 키가 190센티미터가 넘는 그는 부인보다 더 큰 충격을 받은 것 같았다. 그들은 방 안쪽으로 사라지더니 소곤거리며 대화를 나눴다.

그들은 다시 나타나서 나를 심문했다.

"윌리엄스 부인, 당신에게 한 가지 질문이 있어요. 부인은 대답하기 전에 깊이 생각해 보시는 게 좋을 겁니다."

긴 시간 침묵이 흘렀다.

"부인은 환-경-주-의-자입니까?"

제프스 부인이 그 단어를 길게 끌면서 물었고 두 사람은 내게서 눈을 떼지 않았다.

"네, 그래요." 내가 말했다.

"우리도 그렇게 생각했어요!" 제프스 씨가 말했다.

"우린 당신과 윌리엄스 씨가 알래스카에 가면서 총을 가져가지 않았을 때부터 의심했어요." 제프스 부인이 덧붙였다.

제프스 씨가 내 쪽으로 몸을 기울였다. "악마가 환경주의자라는 사실을 알았나요?"

"아니요, 몰랐어요." 내가 대답했다.

나는 해고되었다.

내가 방을 나가려고 자리에서 일어서자 제프스 씨가 제프스 부인을 향해 말했다. "근데 윌리엄스 부인이 더 이상 여기 없으면 아이들에게는 뭐라고 말하지?"

제프스 부인은 오랫동안 창밖을 응시했다. "좋은 지적이에요. 설명하기 쉽지 않을 거예요. 아이들이 부인을 아주 좋아하니까."

부인이 나를 바라보았다. "윌리엄스 부인, 우린 부인이 아이들을 사랑하고, 아이들도 분명 당신을 좋아한다는 걸 알아요. 어째서 아이들이 더러운 바닥에서 서로를 부르며 헤엄치게 만든 거죠? 고래는 두 번 다시 생각하고 싶지도 않아요. 다시 보는 건 말할 것도 없고." 부인은 제프스 씨를 재빨리 쳐다보며 잠시 뜸을 들였다. "다음 조건으로 부인을 재고용할지 생각해 보겠어요. 부인은 다시는 카든학교 교실에 당신의 정치적 성향을 끌고 들어와선 안 돼요. 그리고 아이들은 절대 알아서는 안 돼요. 당신이 그, 그……".

"환경주의자라는 걸요." 내가 말했다.

"맞아요."

나도 조건을 제시했다. "저는 교장선생님이 사전 고지 없이 제 교실로 들어오지 않으셨으면 합니다."

우리를 악수했고, 나는 아직 막아 놓은 유리창에서 파란 빛을 뿜어내고 있는 텅 빈 교실로 돌아갔다.

나는 카든에서 5년간 가르쳤다. 그 일을 사랑했다. 아이들을, 그리고 내가 아이들로부터 배운 모든 것을 사랑했다. 종국에는 제프스 부인과 나는 서로를 존경하게 되었다. 가르치는 일은 내가 번역의 창의성을 통해 내 목소리를 찾도록 도움을 주었다. 거대한 생태적 개념들을 논쟁적이지 않은, 하지만 매력적인 이야기로 엮인 언어로 한창 자라고 있는 어린 마음들에게 전달하는 것은 도전 과제였다. 교사로서 내가 할 일은 학생들의 상상을 점화하는 동시에 사실의 견실함에 경의를 표하는 것이었다. 아이들 하나하나가 꾸중을 들을지 모른다는 두려움 없이 자기만의 질문을 자유롭게 탐구할 수 있다고 느끼는 분위기를 만드는 것이 가장 큰 즐거움이었다.

레이첼 카슨은 말했다. "아이들이 타고난 경이의 감각을 생생하게 유지하려면 그걸 함께 공유하면서 우리가 살아가는 세상의 즐거움, 흥분, 미스터리를 아이와 함께 재발견할 최소한 한 명의 어른이 옆에 있어야 한다."

제프스 부인은 결코 깨닫지 못했지만 나는 자연을 향한 사랑을 함께 나누는 일이 그 무엇보다도 정치적인 행위라는 사실을 배우게 되었다. 자신의 목소리를 찾는 것은 자신의 열정을 찾는 과정이다. 나는 가르치는 일에서 내 목소리를 발견했다. 내 커리큘럼은 아이들의 호기심이 되었다. 나는 그것이 우리를 어디로 인도하든 믿음을 잃지 않았다. 우리는 놀이를 했다. 실험을 했다. 그림을 그렸고, 주변 세상에 대한 글을 썼다. 아이들은 야외를 안으로 끌고 들어왔다. 우리는 암컷 사마귀가 짝짓기 상대를 먹어 치우고 막대 위에 알집을 잣은 뒤 기진해서 죽어 가는 모습을 지켜보았다. 사마귀의 녹색 팔은 자신이 창조해 낸 것을 꼭 끌어안은 채였다. 그다음 봄, 알주머니에서 아기 사마귀가 줄줄이 태어났다. 제프스 씨와 부인조차도 8번 방의 새 생명에 열광하게 되었다.

어느 날 아홉 살짜리 수학 천재 리 슈케트가 확장하고 수축하는 우주와의 관계에서 태양계의 속도에 대한 내 수업을 도와도 되겠냐고 물었다. 아이는 내가 힘겨워한다는 것을 알았다. 교사의 성공은 자신이 무엇을 모르는지를 인지하는 데 달렸다. 테드 메이저는 내게 그걸 잘 가르쳐 주었다. 그래서 양자물리학을 이해하지만 건너뛰는 법은 한 번도 배우지 못한 아이가 우리 학급을 운동장으로 데려가서 우리를 행성 궤도 순으로 배열시켰다. 아이는 나를 태양으로 지정하고 정가운데에 위치시켰다. 한 아이가 수성이 되어 내 주위를 아주 빠르게 달렸다. 또 다른 아이는 금성, 또 다른 아이는 지구, 각자는 리가 암산한 수치에 따라 움직였다. 리는 토성에게는 허리로 훌라후프를 돌리면서 원을 그리며 앞으로 움직이라는 좀 더 난도 높은 과제를 안겼다. 누구도 잊을 수 없고 한 명 한 명이 가슴에 깊이 새긴 시각적인 수업이었다. 이 태양계가 꼴을 갖추고 움직이자 리는 잔디밭에 눕더니 웅크린 자세에서 쭉 뻗은 자세로 수축하고 확장하기를 반복했다. 누구도 그 아이가 누구인지, 뭘 하고 있는 건지 묻지 않았지만 아이에게는 분명 어떤 통찰력이 있었다.

리는 지금 클라우드텐엔터테인먼트라고 하는 자신의 사업체를 통해 웨딩 디제이로 돈을 번다. 리 슈케트의 본업은 소프트웨어 엔지니어이다. 우리 목소리 가운데 베이스 음은 우리가 자연스럽게 하는 일 속에서 발견된다.

23

내 25번째 생일에 어머니는 카드를 한 장 주셨다. 봉투에는 이렇게 적혀 있었다. "나의 딸이자 가장 사랑하는 친구에게." 봉투 속 카드에는 야생 압화가 스테인드글라스 창 같은 틀 안에 들어 있다.

> 1980년 9월 8일
> 사랑하는 테리에게
> 오래전 누군가 나에게 어머니로서 너를 위해
> 가장 원하는 게 뭔지 물어본 적이 있단다. 나는 내
> 부모님이 내게 주었다고 느끼는 것을 정확하게
> 말했지.
> "테리가 자신을 중요하게 여기고 얼마나 많은
> 사랑을 받고 있는지를 알면 좋겠어요."
> 우리가 너를 얼마나 사랑하고 고맙게
> 생각하는지 알면 좋겠다…….
> 언제나 너 자신을 나와 함께 공유해 줘서
> 고마워. 나는 관계에 대한 이 인용문을
> 사랑한단다. "관계에서 든든함은 향수에 젖어
> 지난 일을 뒤돌아보거나, 두려움이나 기대에
> 젖어 앞으로 무슨 일이 있을지 내다보는 데 있는
> 게 아니라, 현재의 관계를 살고 그것을 있는

그대로 받아들이는 데 있다." 나는 이 말이 지금 우리가 아주 잘 공유하고 있는 바를 묘사한다고 느낀단다.

테리, 여성 각각은 스스로 성인이 되어야 해. 자신의 진정한 중심을 혼자서 찾아내야 하지. 이건 아주 흥미진진한 과정이고, 넌 앞으로 25년 동안 성취와 자기 성장을 이루게 될 거야. 모든 게 네 안에서 올바르다면, 너에게 일어나는 그 어떤 일도 틀어질 수 없어.

나의 하나님 아버지가 나에게 너 같은 딸이자 친구를 보내 주시다니 나를 아주 많이 사랑하셨던 게 틀림없어.

온 사랑을 담아,

엄마가.

나는 카드를 넘겨서 다시 읽는다. 어머니의 글씨는 꽃무늬인 듯 아름답고, 글자 하나하나가 다음 글자로 관대하고도 막힘없이 펼쳐진다. 나는 언제나 어머니의 손글씨를 사랑했다. 읽기 쉽고 사려 깊음이 느껴지는 글씨. 지금도 어머니의 글씨는 나를 진정시킨다. 낙관적인 서체라는 게 있을 수 있을까? 나는 어머니의 글씨가 항상 긍정적인 것을 향한다고 느꼈다.

하지만 내 25번째 생일의 기억은 부정적이다. 어머니는 나를 위해 깜짝 생일 파티를 계획했다. 나는 우리가 케이크와 아이스크림을 차려 놓고 직계가족끼리만 모이게 될 거라고 들었다. 이건 양가 부모님과 세 남동생, 나의 네 조부모, 그리고 브룩을 의미했다.

미미는 언젠가 생일 선물로 네이비블루색 울 정장과 거기에 어울리는 버뮤다 반바지를 준 적이 있었다. 내 스타일은 아니었지만 나는 이번이 그 옷을 입기에 완벽한 때라고 생각했다. 가족을 제외한 누구도 오지 않을 테니까. 바지가 무릎 위로 올라간 뱃사람 같은 모습이었다고만 이야기하겠다. 흰 블라우스에 빨간색과 흰색과 파란색이 들어간 나비넥타이를 매고 정장 재킷을 입어 봐도 소용이 없었다. 브룩은 나를 무자비하게 놀려 댔다.

"나 좋자고 이러는 게 아니잖아." 내가 말했다. "내가 생일에 처음(이자 마지막)으로 이 옷을 입고 있으면 미미가 기뻐할 거야."

어머니는 내가 내 인생을 어느 방향으로 끌고 가야 할지 모른다는 것을 알아차리고 내가 우울해할까 봐 걱정해 왔다. 어머니가 옳았다. 나는 우리가 어릴 때 새장에서 키우던 카나리아 헨리에타가 된 기분이었다. 그 새는 도망치려고 새장 막대를 향해 날다가 노란 깃털을 계속 떨어뜨리고 또 떨어뜨렸다. 나는 그걸로 깃털 다발을 만들어서 작은 유리 단지에 담아 파란 하늘이 내다보이는 내 방의 빨간색 창틀에 올려 두었다. 양육된 방식과 상반되는 길을 닦고 전통적인 여성의 역할과 단절할 용기가 내게 있었을까? 다른 젊은 부부들과 교회의 긴 의자에 앉아 있을 때면 밀실공포가 밀려와서 항상 가장자리에 앉아야 했다. 내 마음은 방황하곤 했다. 교회에서 내가 주의를 집중할 수 있는 유일한 대상은 시계뿐이었다.

지금은 어처구니없어 보일 수 있지만 1980년 유타의 내가 속했던 공동체에서는 본받을 만한 대안적인 역할 모델이 많지 않았다. 나는 공부를 더 하기 위해 아이 갖는 것을 미룰 힘이 내게 있을까 생각했다. 이제 막 엄마가 된 여성의 품 안에 아이가 안겨 있는 모습을 볼 때면 내 마지막 생리일이 언제였는지 되짚어 보곤 했다.

브룩과 나는 내 부모님의 집으로 갔다. 모든 게 평범하고 편안한 느낌을 주었다. 가족이 거기에 있었고, 조부모님이 거기에 있었지만 나는 테이블 위에 놓인 초콜릿 케이크가 지나치게 커 보인다는 사실을 알아차렸다. 남동생 스티브가 내 "버스터 브라운(1902년부터 연재된 만화에 등장하는 장난꾸러기 남자 주인공) 같은 차림새"를 놀렸다. 미미는 내 의상이 얼마나 "사랑스러운지" 논평했고, 15분이 안 되어 50명이 내 "생일을 축하해 주러" 도착했다. 그건 깜짝 놀라는 정도를 넘어서서 굴욕이었다.

나는 세일러 정장을 어색하게 입고 있었을 뿐만 아니라, 훈훈한 헌사들과 '*이게 네 인생이란다*'라는 제목의 고통스러운 슬라이드쇼와 그 뒤에는 감사의 말을 늘어놓아야 하는 나의 맥없는 시도로 이루어진 저녁 시간을 감내해야 했다. 내 기분을 고양시키려던 계획은 나를 메슥거리게 만들었다. 나는 집으로 가자마자 속을 게워 냈다.

예상치 못한 선물은 이거였다. 줄줄이 이어지는 슬라이

드를 통해 말 그대로 눈물이 날 정도로 지겹게 내 인생을 구경하고 난 뒤에 뭔가 대단히 매력적인 일을 해 보면 어떨까, 하는 결심을 하게 되었다는 것. 카든에서 아이들을 가르치는 일은 제프스 부인이 크리스마스 행사를 연기하기로 한 날 견딜 수 없어졌다. 아이들의 크리스마스 캐롤 노래가 부인의 기준에 맞지 않았던 것이다. 부인은 크리스마스 회합을 이듬해 1월까지 취소했다.

나는 대학원에 지원했다. 아이를 갖는 것은 기다릴 수 있었다. 하지만 이 세상에서 내 목소리를 찾고자 하는 내 욕구는 그럴 수가 없었다.

24

'변화의 여자Changing Woman'라는 뜻의 대모신이 태양에 의해 처녀 수태를 해서 쌍둥이, 괴물 살해자와 물의 아이를 낳았다. 나는 미국 남서부 포 코너스(애리조나, 뉴멕시코, 콜로라도, 유타주 네 개 주가 한 점에서 만나는 지역)를 여행하다가 나바호 신전에서 이 신화를 만났다.

지질학이 계보학이 되었다. 쌍둥이 중 하나인 괴물 살해자는 백성들을 구하고자 악마들과 싸웠고, 괴물 살해자에게 패배한 악마들의 피가 엉겨 굳으면서 용암이 되었다. 뉴멕시코주에 우뚝 선 쉽락Shiprock은 남아 있는 화산목보다 훨씬 많은 의미를 담은, 날개 달린 바위가 되었다. 식물, 동물, 암석, 하천의 형태학은 단순히 과학에서 답을 얻지 않고 한 장소에서 거주하는 민족의 우주론을 구성하고 거기에 기여한다. 그리고 그것은 영적이다.

지구. 어머니. 여신. 모든 문화에서 여성적인 것의 목소리는 땅 그 자체로부터 등장한다. 우리는 그에게 이브나 이시스(고대이집트 풍요의 여신), 데메테르(그리스신화에 나오는 농업, 결혼의 여신)의 옷을 입힌다. 사막에서 그는 변화의 여자로 등장한다. 그는 바람처럼 형태를 바꿀 수 있고 물처럼 자신의 목소리로 돌 사이를 관통할 수 있다. 그리고 건조한 땅에 흰 조가비 공물을 들고 두 팔 벌려 우리를 향해 다가올 때 그는 우리에게 고대의 바다가 사막을 뒤덮고 있던, 가뭄 이전의 시기가 있었음을 상기시킨다. 그는 분류되지 않는다. 통제되지 않는다. 그는 씨앗을 모아서 모래 안에 꿈처럼 심고 비를 부르는 자다. 생명의 순환하는 본질에 경의를 표하며 달을 구현하는 자다. 초경 의식에서 경의를 표하는 대상이 바로 이 변화의 여자이다. 키날다Kinaaldá는 모든 나바호 여자아이들이 성숙한 여자가 되었음을 알리는, 그의 의식이다. 내가 의지할 건 행복이 아니라 변화라는 말을 누군가 내가 어렸을 때 해 주었더라면 좋았을 텐데.

나바호족은 이야기 안에서 내 멘토가 되었다. 내가 사막에서 똬리를 튼 바구니를 봤을 때 그것은 뱀처럼 풀어졌다. 내가 현자의 손가락 사이에서 깃털 하나가 한들거리는 것을 보았을 때 그 불꽃 같은 붉은 촉은 나바호족에게 불을 되찾아 주기 위해 태양을 향해 곧장 날아간 이 새의 용맹함을 알려 주었다. 그리고 내가 퓨마가 마치 녹은 버터처럼 붉은암석 벼랑을 가로질러 움직이는 모습을 보았을 때 그것은 고양잇과 야생동물이 아니라 한 생명이 존재함으로써 은혜를 입는 장소에 옥수수 꽃가루를 뿌리라고 요구하는 강력한 주술이었다.

나는 '*우리가 어떤 이야기를 해야 장소 감각을 일깨워 줄 수 있을까?*'라는 질문에 사로잡혔다. 나는 나바호족의 관대함을 통해 어떻게 목소리가 이야기를 통해 최대로 증폭되는지를 들었다.

여러 해 동안 내 것이 아닌 서사를 찾아 사막을 떠돌았다. 나는 내가 이곳에 속한다고 느끼지 못했다. 내 것을 발견할 때까지 풍경을 빌리는 중이었다. 하지만 찾기를 중단하고 붉은암석 사막의 침식이 주는 평화 속에 자리를 잡았을 때 설명할 수 없는 어떤 광막함이 말없이 나를 품어 안는 느낌을 받았다. 나는 옷을 벗고 마른 협곡에 등을 대고 누워 분홍빛 모래 안에 스민 열기가 내 몸의 모든 세포 안으로 들어오도록 했다. 눈을 감고 이 행성 위에서 그저 호흡하는 또 하나의 존재가 되었다.

25

"우리는 여기에 왜 있는 걸까?"
"이야기가 계속 이어지게 하려고."
"이야기가 뭘까?"
"이야기는 생명이지."

브룩과 나는 1883년에 출간된 보석 같은 책 리처드 제프리스의 《내 심장의 이야기》를 낭독하면서 콜로라도강 제방에서 이런 대화를 나누고 있었다.

"벌거벗은 마음이 벌거벗은 지구를 대면한다……. 내게 가장 심오한 영혼-생명을 달라."

우리는 한시도 대화를 멈추지 않았다. 삼라만상에 어떻게 목소리를 부여할 것인가?

솔트레이크템플에서 결혼식을 올리기 전, 브룩과 나는 역시 템플에서 진행된 혼전 의식에서 양가 부모님이 증인으로 참석한 가운데 개인 서약을 했다. 모르몬 신학에서는 이것을 "천성 끌어내기"라고 한다. 그것은 성스러운 통과의례이다.

정리하자면 이렇다. 방 한쪽에 남자들이 앉고 반대편에 여자들이 앉는다. 성스러운 가르침이 내려진다. 아담과 이브 이야기가 펼쳐진다. 브룩과 나는 에덴동산의 첫 커플을 대변하도록 간택을 받았다. 우리는 선택받았다는 데 영광을 느끼며 아담과 이브 대신 신도들 앞에 섰다. 이브는 처녀였고 나도 그랬다. 결혼식 전날 낭독되는 이 성경 구절에 귀를 기울이는데 내 마음에 와서 박힌 유일한 단어는 퍽*fuck*뿐이었다. 얼굴이 화끈거렸다. 순결한 19세 여자인 내 사전에는 없는 단어였다. 내 상상력의 배신에 충격을 받은 나는 잡생각을 물리치고 깨끗하고 순수한 표정을 지으려 애썼다. 하지만 그 단어가 계속해서 떠나지 않았다. 퍽, 퍽, 한 번도 입 밖에 내본 적 없는 단어. 내 얼굴은 점점 더 붉어졌다. 브룩이 어째서 내가 계속 얼굴이 빨간지 의아해하면서 미소 짓기 시작했다.

부끄러웠던가? 열감으로 화끈거렸던가? 나는 두 가지 모두를 겪고 있었다. 어떤 단어들을 따라하라는 주문 사이사이 다시 한번 이 단어가 가장 성스러운 순간에 스스로를 계속 선언하며, 내 주의를 아담과 이브의 결혼에서 유혹하는 뱀의 꼬임으로 몰고 갔다. 나는 브룩과 손을 맞잡고서 그에게 집중하려고 애썼다. 퍽, 퍽, 퍽. 성스러움과 불경함 사이의 춤은 과열되기만 했다.

이 대단히 공개적인 순간에 나는 나만의 악마와 내밀한 사투를 벌이고 있었다. "태초에 말씀이 있었다." 누구도 내게 어떤 말씀인지는 경고해 주지 않았다.

나는 결코 내 마음을 반듯하게 다스리지 못했다. 어릴 때 미미와 함께 음악을 들을 때면 미미는 말하곤 했다. "긴장을 풀어. 그냥 네 마음이 텅 비게 내버려 둬." 그런 일은 한 번도 일어나지 않았다. 마음을 비우라는 요청은 오히려 반항하는 마음이 재빨리 가득 차게 만들 뿐이었다. 내가 내 상상력이

제멋대로라는 사실을 알아차린 것은 미미가 제일 좋아하던 작곡가이자 나 역시 좋아하게 된 베토벤과 바흐에 귀 기울이던 바로 그 순간들이었다고 생각한다. 나는 언제나 그 상황에 수반된 서사를 창조하곤 한다.

미미가 마리 루이스 폰 프란츠의 《창조신화》라는 책을 내게 선물했을 때 나는 그게 전복적인 글이라는 걸 이해하지 못했다. 나는 아담과 이브 이야기가 선악에 대한, 그리고 자신의 욕구를 따랐을 때 발생하는 결과에 대한 성서의 기본 지침이라고 배워 왔다. 하나님에게 불복하는 대가는 에덴동산에서 내동댕이쳐져서 "남은 모든 날들 동안 자신의 다리 사이에 놓인 슬픔"을 직면하는 것이었다. 하지만 나는 선을 넘는 이브의 행동이 우리를 동산에서 야생으로 인도한 용감한 행위임을 알아보게 되었다. 인간으로 살아갈 수 있을 때 누가 여신이 되고자 할까? 완벽함은 통제로 위장된 결함일 뿐이다. 이브는 그 사과를 베어 문 순간 눈을 떴고 자유가 되었다. 그는 모든 여자들이 알고 있는 진실을 폭로했다. 독립된 목소리를 찾으려면 종종 배신이 필요하다는 진실을. 우리는 그저 우리 자신을 배신하지 않기만 하면 된다. 한 여자 또는 한 남자가 자기 심장의 진실에서 비롯된 말문을 여는 것은 금기를 깨는 것이다. 가면이 사라진다. 이브에게 금단의 과일을 먹으라고 유혹했던 뱀은 사탄이 아니라 *너의 굶주림을 존중하고 자신을 먹이라*, 고 말하는 자신의 본성이었다.

사탄Devil의 철자를 거꾸로 쓰면 삶Lived이 된다.

읽기는 내 삶을 바꿨을 뿐만 아니라 구원했다. 올바른 시기에 선택된 올바른 책들, 특히 우리에게 겁을 주고 우리가 배운 모든 것을 잠식할 것처럼 위협하는 책, 금지된 생각을 담은 책, 이런 책들이 이브의 사과가 된다.

"의식을 향한 각성은 천지창조와 똑같다. (……) 창조신화는 모든 신화 중에서 가장 심오하고 중요하다. 많은 원시종교에서 창조신화 말하기는 시작의 의식에서 본질적인 가르침을 이룬다"고 프란츠는 적고 있다.

어머니의 일기는 창조신화이다.

나는 어머니가 내게 물려준 빈 지면을 통해 내 목소리의 창조설화를 쓰고 있다. 선을 넘는 것은 사람 사이를 넘는 것이다.

26

　브룩이 내 벗은 몸을 처음으로 보았을 때, 그의 눈이 땅거미 속에서 내 가슴 사이를 천천히 움직이는 자신의 손을 향할 때, 나의 관능은 성애가 되었다. 우리는 베어리버 조류 안식처Bear River Bird Refuge에서 봄의 풀밭에 누워 있었다. 뒷부리장다리물떼새가 우리 위에서 날았다. 우리는 바닥에 등을 대고 하늘을 바라보았다. 브룩이 내 쪽으로 몸을 기울이고 키스했다. 우리는 우리만의 미각과 촉각과 시간의 내밀한 지리학 안으로 들어갈 때 절대 눈을 감지 않았다. 우리가 서로의 몸을 지도처럼 탐색할 때 붉은날개검은새가 노래했던 것을 기억한다. 우리는 살 위에 혀를 대고 연인들 간의 밀어를 써 내려갔다.

　구스타프 쿠르베가 그린 〈세상의 기원〉은 우리가 알고 있지만 드러내지 않기로 선택한 것에 대한 도전이었다. 그의 그림은 사랑을 나누고 난 뒤 부풀고 번들거리는 여성의 음부를 담은 육감적이고 내밀한 초상이다. 여자의 다리는 벌어져 있고, 한쪽 가슴이 흰 잠옷 아래 거의 드러나 있다. 사적인 것이 공적인 것이 된다. 쿠르베의 개인적인 시선은 보이지 않는 것을 보이게 찬미한다. 그 그림은 포르노 같은 어떤 것이 아니라 새로운 통찰을 안기는 작품으로서 파리 오르세 미술관에 걸려 있다.

　이 그림은 수년간 자크 라캉의 시골집에 있는 미닫이 나무문 뒤에, 숨겨진 채 걸려 있었다. 미술비평가들은 이 작품을 "가슴부터 허벅지까지 다리를 벌린 한 여성의 몸통을 완전히 노출시킨 기록 (……) 1866년에 한 터키 외교관을 위해 그린 쿠르베의 태연자약한 인물화"라고 말했다. 하지만 그건 너무 냉랭한 표현이다.

나는 그 여자 앞에, 모두가 알고 있는 이 휴식 중인 미상의 여자 앞에 섰을 때 나 자신을, 나의 어머니를, 나의 할머니를, 직사각의 캔버스에 유화로 담긴, 한 남자의 손과 눈에 의해 드러난 여자를 보았다. 나는 흐느껴 울었다. 그것을 너무 분명하게 명명한 행위의 아름다움 때문에. 세상의 기원. 우리는 여자들을 통해 이 세상에 나온다. 소진되고, 강제로 열린, 두려움에 젖은 한 여자를 통해. 사람이 여기, 벌어진 다리 사이로 인간의 머리가 나오는 것을 빛의 붓놀림으로 처음 본 이후, 여자가 두려움과 숭배의 대상이 된 것은 당연하다.

우리는 불이다. 우리는 물이다. 우리는 땅이다. 우리는 공기다.

우리는 세상을 이루는 모든 것이다.

세계는 그렇다, 는 긍정으로 시작한다.

변화의 여자들. 우리는 달처럼 다시 시작한다. 기다리는 여자가 됨으로써, 사랑을 기다리고, 말할 순간을 기다리고, 행동할 순간을 기다림으로써, 우리 것인 운명을 더 이상 부정할 수 없다. 이것은 인내가 아니라 병리적인 증상이다. 우리는 본능적으로 하늘과 땅에 묶인, 관능적인 성애의 존재이고 우리의 몸은 홀로그램이다. 우리는 권력을 억누름으로써 권력을 폐하고, 그것은 전쟁을 일으킨다.

 오스트레일리아 시인 주디스 라이트는 이렇게 말한다. "우리의 꿈은 나쁜 꿈이었고, 우리의 힘은 나쁜 힘이었다. (……) 우리는 상처입은 채로 사막의 공허를 가로지르고, 우리를 오롯하게 만들어 줄 것에 거짓된 태도로 임해야 한다."

27

나의 몸은 나의 나침반이다. 그것은 거짓을 말하지 않는다. 여성으로서 우리는 개인의 삶에 대해, 특히 섹스에 대해 침묵한다. 진실을 말하는 자에게 학대와 위해가 가해진 역사가 있으므로 우리는 침묵한다. 결혼이 산산이 부서진다. 가족이 깨어진다. 판단이 내려진다. 여자 혼자 서 있다. 우리의 이야기는 지하에서 생명을 유지한다.

뮤리얼 루카이저는 이런 질문을 던졌다. "한 여자가 자신의 인생에 대해 진실을 말한다면 무슨 일이 벌어질까? 세상이 쪼개지면서 벌어질 것이다."

세상이 쪼개지면서 벌어지고 있다.

1916년 10월 16일 마거릿 생어Margaret Sanger는 브루클린 브라운스빌 암보이 거리 46번지에 최초의 가족계획및피임센터를 열었다. 9일 뒤 경찰의 급습을 당했다. 현대 피임운동의 선구자였던 마거릿 생어는 감옥에서 30일을 보냈다. 그는 87세까지 살면서 여성의 피임권과 자신의 몸에 대한 프라이버시를 위해 목소리를 높였다는 이유로 일곱 번 더 체포되었다.

H.G. 웰스는 1931년 마거릿 생어에게 경의를 표하는 한 정찬 연설에서 "그가 시작한 운동은 앞으로 100년 뒤면 지구상에서 인간의 운명을 통제하는 데 역대 가장 영향력 있는 운동으로 성장하게 될 것입니다"라고 선언했다.

어렸을 때 우리는 병원에 입원한 어머니 문병을 갔다. 우리는 어머니가 "교정용 수술"을 받을 거라고 들었다. 나중에야 어머니가 나팔관을 묶는 결정을 내렸다는 사실을 알게 되었는데, 어머니의 동년배 사이에서는 별로 흔하지 않은 일이었다. 어머니가 말했다. "자유다."

피임은 내게 목소리를 선사했다. 어쩌면 그것은 인생에서 내가 전적으로 책임진 유일한 것이었는지 모른다. 나는 임신중단을 해 본 적은 없지만 내 앞에 그런 선택지가 있다는 데 고마움을 느꼈다. 역사적인 로 대 웨이드Roe v. Wade 사건(낙태 처벌은 헌법의 권리를 침해한다고 판결한 1973년 미국 대법원의 판례)의 대법원 판결이 내려졌을 때 나는 하이랜드고등학교 졸업반이었다. 이 판결은 성적인 성숙 단계에 접어든 젊은 여성인 우리들에게 자신의 몸을 우리가 직접 통제할 수 있다는 자신감을 선사했다.

그 어떤 여성도 임신을 손쉽게 중단하지 않는다. 자신의 몸 안에서 생명을 느껴 본 적이 있는 사람은 누구도 그 힘을 부인하지 못한다. 그것은 결코 사랑이나 고통이나 용서해 달라는 기도 없이, 가볍게 내려지는 결정이 아니다.

모든 여성이 매달 피를 흘릴 때마다 *나는 임신하지 않았다*는 사실을 상기하기 때문이다. 모든 여성이 사랑을 나눌 때마다 *지금 생명이 만들어질 수 있다*는 사실을 이해하기 때문이다. 한 여자가 자기 몸 안으로 남자가 들어오는 것을 허락할 때, 그것이 단순히 육체적 행위이기만 한 게 아니라 자신의 생명이 더 이상 자기만의 것이 아닐 수도 있다는 가능성에 대한 굴복의 행위인 것은 그래서다. 피를 흘리기 전까지 그는 자신의 자궁에서 생명의 동요가 일어나는지 매일 확인할 것이기 때문이다. 피를 흘리기 전까지 그는 자신의 생명이 하나일지 둘일지 셋일지 확신할 수 없기 때문이다. 피를 흘리기 전까지 그는 쾌락부터 고통, 출생, 죽음, 그리고 자신이 해야 할 일을 어떻게 할지 모든 가능성을 상상하고, 그리고 피를 흘리기 전까지 그는 한없이 걱정할 것이기 때문이다. 피를 흘리기 전까지는.

남자들이 여자가 무엇을 절대 잊지 못하는지를 안다면 다른 방식으로 사랑할 텐데.

아니다, 나는 한 번도 임신중단을 해본 적은 없지만, 그렇게 했던 많은 여성의 연약함을 알고 있다. 임신중단은 겉으로 드러난 것보다 훨씬 흔하다. 우리는 지하로 숨어 버렸다. 우리는 이런 대화를 나누지 않는다. 우리가 경험한 임신중단은 지금의 우리와 우리가 되어 버린 무언가의 내밀한 일부이다. 그리고 그것은 대단히 사적이다. 나는 최근에서야 내 친한 친구 중 세 명이 임신중단을 한 적이 있다는 사실을 알게 되었다. 우리는 이런 문제를 전혀 입에 올린 적이 없었다. 한 명은 유전적인 질병 문제가 있었고, 다른 한 명은 결혼 생활을 궁지에 몰아넣을 수도 있는 상황이었고, 또 한 명은 여자의 인생 경로를 바꿔 버릴 수 있는 대학 재학 중의 임신이었다. 우리는 선택을 한다. 미합중국에서 이것은 우리의 영적이고 법적인 권리이다. 우리는 다른 사람들의 심판 없이 이 선택을 내릴 자격이 충분하다.

출산에서는 그 어떤 것도 추상적이지 않다. 여성이 자신의 배에 손을 올리고 무엇이 올바른 일인지 고민하는 것보다 더 정신이 번쩍 드는 일은 없다. 그것은 언제나 사랑에 대한 것이다. 그것은 절대 가볍게 이루어지지 않는다. 그러니 남자가, 그것도 우리가 알지도 못하는 남자가 우리의 모유와 피를 통제하는 법을 규정하게 하는 것보다 여성에게 더 큰 모욕은 없다.

모유 그리고 피.

왜 이 두 단어일까?

모유는-소의 경우처럼, 유방의 경우처럼, 정자의 경우처럼, 보살핌과 자양분을 제공하는 모든 물질의 경우처럼-즐거움의 중심에 있기 때문이다. 우리는 깊숙이 들이마시기 때문이다. 필요와 욕구의 발로로 깊숙이 들이마시기 때문이다.

피는-흐름의 경우처럼 월경의 경우처럼 달의 경우처럼 순환의 경우처럼-*나는 임신하지 않았다*는 증거이기 때문이다. 모든 여성이 사랑을 나눌 때마다 *지금 생명이 만들어질 수 있다*는 사실을 이해하기 때문이다. 여성이 자기 몸 안으로 남성이 들어오는 것을 허락할 때 그것이 육체적 행동일 뿐만 아니라 영적인 행동인 것은 그래서이다.

모유와 피.

모유는 우리가 처음으로 욕망하는 것이기 때문이다. 피는 우리의 움직이는 심장을 타고 흐르는 것이기 때문이다. 모유와 피. 남성과 여성. 쾌락과 고통. 사랑과 생명의 관계는 생명과 죽음의 관계와 같다. 그래서 우리는 서로를 만짐으로써 형언할 수 없는 것을 만지려고 모든 위험을 불사한다. 다시, 또다시. 한 번 더, 또 한 번 더. 불 속에 마음을 빼앗기듯 우리는 통제력을 잃고 마음을 빼앗긴다.

남자들이 여자가 무엇을 절대 잊지 못하는지를 안다면 다른 방식으로 사랑할 텐데.

—

여자가 절대 잊지 못하는 것은, 한 남자가 자신과 사랑을 나누도록 허락할 때 그 순간 아이가 생긴다면 또 하나의 생명을 짊어진다는 협정을 천사와 맺는다는 사실이다. 남자는 왔다가 갈 수 있고, 손 떼고 사라질 수 있다. 하지만 여자는 머무르고 연한 상태로 남아 있다. 안기기를 원한다. 말하기를 원한다. 자기 몸 안에서 이루어지는 그 동작을 다시금 원한다. 사랑을 나눌 때 여성은 다시 만들어지기 때문이다. 피를 흘리기 전까지 그는 말을 하든 안 하든 아이의 아버지가 그 남자라고 알고 있기 때문이다. 피를 흘리기 전까지 그의 몸은 남자의 황홀경과 자신의 황홀경을 통해, 이제는 두 사람의 황홀경이 될 그것들을 통해 재배열되기 때문이다. 피를 흘리기 전까지, 그것을 다시 반복하기 전까지, 그는 자궁에 생명의 동요가 있는지 매일 확인할 것이기 때문이다. 피를 흘리기 전까지 그는 자신의 생명이 하나일지 둘일지 셋일지 확신할 수 없기 때문이다. 반복하고 반복하고, 피를 흘리기 전까지 그는 쾌락부터 고통, 출생, 죽음, 그리고 자신이 해야 할 일을 어떻게 할지 모든 가능성을 상상하고, 그리고 피를 흘리기 전까지 그는 한없이 걱정할 것이기 때문이다. 피를 흘리기 전까지는.

모유와 피는 함께 살아간다.

28

나는 어머니가 오는 것을 원치 않았다. 아직은. 뉴욕에 있는 미국자연사박물관에서 인턴으로 일하던 중이었다. 나는 어머니 삶의 그림자가 드리워지지 않은 온전한 나만의 삶을 살 필요가 있었다. 하지만 어머니가 뉴욕으로 찾아왔을 때 우리는 몇 시간 동안 공원을 산책하고 이야기하면서 서로를 애지중지하며 밀어를 나누는 비둘기로 변신했다. 어머니와 나는 함께 있을 때면 언제 어디서든 서로에게 적응했다.

나는 어머니가 돌아가는 것을 원치 않았다. *제발 여기 있어줘요*. 어머니는 내가 사랑하는 것들의 목격자였다. 박물관 투어를 하는 동안 나는 어머니가 등을 대고 누워서 파란 천장에 매달린 파란 고래를 올려다보게 했다. 현대미술관에 가서는 모네의 〈수련〉 앞에 앉아서 빛이 바뀌고 색이 깊어지는 광경을 지켜보았다. 엘리자베스 테일러가 주연을 맡은 릴리언 헬먼의 연극 〈작은 여우들〉을 보러 갔을 때 어머니는 극장에서 일찍 나와서 (어머니와 생일이 같은) 가장 좋아하는 여배우가 공연이 끝날 때면 저녁식사를 하는 사디스에 자리를 잡아야 한다고 고집을 부렸다. 엘리자베스 테일러는 때맞춰 극장을 떠났고 자줏빛 카프탄 드레스와 보석을 걸치고 앞문으로 걸어 나왔다. 어머니는 엘리자베스 테일러를 기다리고 있었다. 어머니는 휴게실에 다리를 꼬고 앉아서 수줍은 듯 다리를 쭉 뻗었다. 엘리자베스 테일러가 어머니의 발에 걸려 넘어질 뻔했다.

"어머나, 용서하세요." 여배우가 말했다.

"무슨요." 어머니가 답했다. "오늘밤 당신 정말 굉장했어요."

"감사해요, 아주 친절하시네요."

우리는 유명 인사들 사이에 자리를 잡았다.

내가 사는 브라운스톤 집으로 돌아가는 길에 우리는 네온빛으로 찬란한 극장 지구를 통과했다. 마천루 사이에 뜬 보름달이 브로드웨이의 새로운 쇼를 홍보하는 투광 조명과 잘 분간이 되지 않을 지경이었다.

"엘리자베스 테일러와 토성의 차이가 뭐게요?" 내가 어머니에게 물었다.

"말해 보렴." 어머니가 미소를 지으며 말했다.

"엘리자베스 테일러의 고리(rings, 파문이라는 뜻도 있다)가 더 많아요."

어머니는 내게 물의 글씨처럼 구체를 한 바퀴 도는 금빛 물결이 그려진 아름다운 유리공 모양 문진과 함께 편지 한 통을 남겼다.

1983년 4월 17일
뉴욕시에서

사랑하는 테리에게
오늘 이 문구점에 들렀더니 내가 보고 만지는

모든 것 속에 네가 깃들어 있는 것 같더구나.

이 문진을 봤을 때 너랑 연결 고리가 있다는 걸 알았어. 정확히 뭔지는 몰라도 그것이 상징하는 것 때문에 사지 않을 수 없었단다.

그러다가 오늘 오후에 너와 함께 모네의 벽화 〈수련〉을 관람하면서 미술관에 앉아 있는데 내가 너에게 줄 선물의 비밀을 알게 되었지.

이 공 중심에 있는 빨간 수련 잎은 너와 네 주변에 있는 우주의 모든 아름다운 아지랑이란다. 그 누구도 너의 그 부분을 침범하게 하지 말아라, 테리. 그건 너의 창조력이야.

네가 중심을 잃지 않는다면 네 삶의 모든 게 균형이 잡힐 거야.

엄마는 너의 사랑과 우정이 고맙단다. 너는 내게 소중한 선물이야. 네가 내 인생을 얼마나 꾸준히 풍요롭게 하는지 말로 다 할 수가 없구나.

뉴욕에서 우리가 이번 주에 함께했던 경험을 언제나 소중하게 간직할게.

아주 많이 사랑한다.

엄마가.

29

 이런 꿈을 꾼 적이 있다. 새 부리로 된 목걸이가 내 목에 걸려 있고, 나는 그것 때문에 앞을 볼 수가 없었다. "너는 아프리카에 가게 될 거란다." 어떤 목소리가 말했다. 그다음에는 씨앗 몇 개를 건네받았다.

 1985년, 나이로비. 나는 인파에 짓뭉개지지 않는 한편 조금이라도 높은 데로 올라가려 무화과나무 둥치를 잡고서, 거대한 테라코타 냄비 안에 서 있었다. 유엔 여성을 위한 10년 포럼에서 여러 목소리가 불협화음을 일으키는 가운데 한 목소리가 도드라졌다. 왕가리 마타이 교수였다.

 "아프리카의 문제들은 나머지 세계를 위해 가려져 있습니다. 이곳에는 문제가 있습니다. 바로 삼림파괴입니다." 그가 말했다. "환경 문제를 해결하지 않으면 그 무엇도 해결하지 못합니다. (……) 그리고 마을 사람들이 문제를 이해하기 전에는 문제를 해결하지 못할 것입니다."

 전에 어디서도 들어 보지 못한 목소리였다. 그는 열정이 넘쳤다. 위풍당당했고 똑 부러졌다. 왕가리 마타이의 연설은 나무를 심는 일처럼 간단하고, 긍정적이며, 실제적인 무언가를 하는 일에 관한 것이었다.

 나는 귀 기울였다.

 "나무를 심으려면 여러분들은 손을 더럽혀야 합니다. 여자들은 대학에 가면 사무직 일자리를 얻기 위해 도시로 돌아가서 자신들이 어디서 왔는지를 잊어버리는 일이 너무 잦습니다. 지구의 건강을 손에 쥐고 있는 건 시골 사람들, 농촌마을 사람들이에요."

나는 아프리카 여성들이 가족을 먹일 음식을 조리하기 위한 연료용 땔나무를 찾아 하루에 8시간에서 10시간씩 보내면서 환경 위기를 어떻게 등에 짊어지고 다니는지를 알게 되었다. 나는 나무보다 효율적이라는 이유로 숯을 얻기 위해 숲이 어떻게 태워지고 있는지를 알게 되었다. 그 결과 산 사면이 노출되어 만성 침식이 일어난다. 나는 처음으로 환경 문제가 어떻게 경제 문제인지, 궁극적으로는 사회정의 문제인지를 알게 되었다.

여성이 어려운 상황에 처하면 아이들도 어려운 상황에 처한다. 여성에게 힘을 불어넣으라, 그러면 공동체 전체에 힘을 불어넣게 된다. 내 안에서 혁명이 점화되었다. 내가 자신도 모른 채 아프리카에 오게 된 것은 이것 때문이었다. 나무의 희망을 배우기 위해. 나는 회의장에서 나와 왕가리를 따라 케냐의 마을들을 찾았고, 거기서 여성들의 노동을, 그것이 숲을 성장시키는 데 어떤 의미인지를 직접 목격했다.

"우리는 말은 조금 줄이고 행동은 조금 늘릴 필요가 있어요." 우리가 나이로비를 떠나 왕가리가 속한 키쿠유족의 뿌리에 가까운 어떤 마을을 방문했을 때 그가 내게 씁쓸하게 말했다.

나는 여성들이 치마폭에 씨앗을 모으고, 씨앗을 심고, 무릎을 꿇고 마치 기도하듯 손으로 흙을 두드리며 어린 묘목들이 자리를 잡도록 다독이는 모습을 지켜보았다. 그들은 나무를 심기만 하는 게 아니라 가능성을 육성하고 있었다. 이 여성들은 머지않아 모종을 판매해서 가족들이 쓸 수 있는 소득을 벌어들일 수 있다. 지구 위에 손을 얹은 채 복원이 경작되고 있었다.

왕가리 마타이의 리더십은 기쁨의 실용주의였다. 씨앗의 성장은 우리 모두를 고양시킨다. 농촌마을의 여성들이 자기 목소리를 찾고 있었다. 나무를 심는 일은 생업 이상이 되었다. 그것은 압제에 맞서는 실천이자 회복의 은유였다. 땅의 건강. 인간의 건강. 여성이 함께 노동할 때 모두가 이로움을 누린다. 나는 바로 이 사실 때문에 그린벨트운동에 착수했다.

왕가리 마타이는 나의 멘토가 되었다. 그는 특별한 "여성의 숲"에 내 어머니를 위해 나무를 한 그루 심어 보라고 권했다. 나는 날마다 그곳에 가서 거기서 살아가는 여성들과 함께 더 많은 나무를 심었다. 우리의 손을 아프리카 씨앗으로 더럽히면서.

왕가리 마타이가 내뿜은 낙관주의의 힘은 내 연료가 되었다. 그는 사랑을 통해 대중을 움직이는 동시에 우리가 지구에 가하는 압박에 대한 불편한 진실을 들려주는 일의 중요성을 내게 보여 주었다. 그의 목소리는 나에게 영감을 주었을 뿐만 아니라 내가 집에 돌아간 뒤 실천에 돌입하라고 요청했다.

우리는 그린벨트운동을 시작했다. 그것은 케냐의 삼림파괴와 그레이트베이슨Great Basin (미국 네바다주의 국립공원으로, 워새치 산맥과 시에라네바다 산맥 사이의 건조한 분지 지역) 의 사막화 사이의 유사성을 보여 주기 위한 방법이었다. 두 경관 모두 식생이 제거되면서 악화되었다. 아프리카에서는 나무를 벌채했기 때문이고, 미국 남서부에서는 가축이 너무 많은 풀을 뜯어 먹었기 때문이다. 두 경우 모두 소중한 표토가 침식을 통해 사라지고 있었다. 나는 봉사와 자매결연을 위해 존재하는 모르몬교회 내 조직인 릴리프협회Relief Society의 모르몬 여성들을 참여시켰다. 우리는 서로 다른 대륙을 건너 협력할 수 있었다. 나는 미국 전역의 독서 모임과 릴리프협회에서 수백 번의 강연을 통해 삼림 파괴 이야기를, 왕가리 마타이가 마을을 돌아다니며 나무를 심고, 여성의 부담과 억압을 덜어 주기 위해, 그리고 동시에 지구를 돌보기 위해 기울이고 있는 노력에 관한 이야기를 하고 또 했다.

"문제는 파편화예요." 마타이 교수가 말했다. "전체를 봐야 해요. 파편화에 넘어가는 순간 여성들의 노동은 물거품이 되어 버려요."

나는 케냐에서 목격했던 것을 내 본거지 유타주 여성들에게 전달하고, 이들을 돕자고 권했다. 10달러면 한 여자가 자신이 사랑하는 여자의 이름으로 나무 한 그루를 구입할 수 있었다. 우리는 증서를 디자인하고 인쇄했다. 그것은 교육과 참여를 독려하는 캠페인이었다. 어머니와 미미와 레티는 첫 등록자가 되었다.

이 노력을 보고 브룩의 아버지 마음이 움직였다. 그는 나를 데리고 점심을 먹으러 갔다. 나는 교회의 위계질서 안에서 지위가 높고 존경받는 남자인 그에게 지역 여성들을 대상으로 한 이 모금 활동을 전 세계로 확장시킬 능력이 있는 친구 한 명을 소개해 달라고 부탁했다. 나는 이것이 케냐의 그린벨트운동에 어떤 의미일지 알았다. 누구도 모르몬교도 같은 조직력을 갖추지 못한다. 그는 내가 힘 있는 연장자 중 한 사람 앞에서 내 주장을 펼칠 수 있도록 전화를 걸겠다고 했다. 하지만 단서가 있었다.

"내가 너를 위해 약속했으니 네가 날 위해 해 줄 일이 있다. 브룩을 다시 교회로 데려오겠다고 약속하려무나. 우리가 이런 대화를 나눴다는 건 절대 말하지 말고."

나는 할 말을 잃었다. 독립을 쟁취하기 위해 사투를 벌이고 있는 케냐의 여성들을 생각했다. 왕가리 마타이와 제도의 권력 앞에 눈 하나 깜짝 않는 그의 기세등등한 태도를 생각했다. 그러면 어떻게 할까?

나는 아주 긴 침묵 가운데 앉아 있었다. 아주 간단한 제안처럼 보였다.

"그런 약속은 할 수 없어요." 나는 사랑하는 시아버지에게 말했다.

시아버지는 자신도 모르게 진정성 문제를 강요한 것이었다. 나의 진정성을. 나는 두 방식 모두 용납할 수 없음을 깨달았다. 시아버지의 도움을 받아 내가 원하는 바를 위해 모르몬교회의 영향력을 사용할 수 있게 되더라도, 그가 가장 바라는 것, 그의 아들이 교회에 다니게 하도록 그를 기꺼이 도울 수는 없었다. 그건 파우스트식 거래였다. 브룩에게는 자신의 독립적인 의지가, 나는 나대로 독립적인 의지가 있었다. 말하지 말라는 요청을 받은 모르몬 여성인 나를 구속하게 될 사슬은 내가 케냐 여성들을 위해 아무리 좋은 일을 하려 해도 그것을 잠식하게 될 것이다. 나의 굴종은 원칙적으로 그들의 굴종이 될 것이다.

> 새의 부리 끝이 타 버린 건 어째서일까?
> ─ 김명미MyungMi Kim

나는 혼자서 그 돈을 모을 것이다. 아무 조건 없이.

우리는 케냐의 그린벨트운동을 위해 1만 달러를 모금했다. 많은 돈은 아니었지만 한 번에 10달러씩, 한 여성의 번영을 자유롭게 기원하는 또 다른 여성에게서 모은 돈이었다.

왕가리 무타 마타이는 2011년 9월 25일, 난소암으로 세상을 떠났다. 수년간 우리는 자매로 지냈다. 그가 내게 준 마지막 선물은 9월 26일에 우편으로 받은, 아름다운 붉은 천으로 포장된 여성의 짐 바구니였다. 마타이에게 나무 심기에서 무엇을 배웠는지 물었을 때 그는 "인내심"이라고 답했다.

그린벨트운동은 4300만 그루가 넘는 나무를 심었다. 왕가리의 관을 짜기 위해 나무 한 그루도 희생하지 않았다. 그의 자녀 와웨루, 완지라, 무타와 함께 케냐 여성들은 부레옥잠 줄기를 말려서 엮은 관에 넣어 그를 매장했다.

나는 그가 세상을 떠났다는 소식을 듣고 망연자실했다.

왕가리 같은 사람은 죽지 않는다. 내게 그는 고분고분하지 않고 회복력이 강한 존재였다. 우리는 사랑하는 이를 잃을 준비가 전혀 되어 있지 않다. 특히 왕가리처럼 세계적인 인물은. 나는 밖으로 걸어 나가 땅에 무릎을 꿇고 그의 영혼에 감사의 기도를 보냈다. 눈물이 비처럼 쏟아지는데, 갑자기 바로 내 앞에서 붉은가슴벌새가 맴돌아서 눈물을 거두고 기도를 멈췄다. 나는 위를 올려다보며 미소를 지었다. 물론 그건 벌새였다. 왕가리가 가장 좋아하던 새, 산불이 나면 부리 안에 물을 한 모금씩 머금고 불을 끄는 새.

30

8월 미루나무가 눈보라 같은 씨앗으로 땅을 포근하게 덮는다. 어느 날 아침 창밖을 내다보니 땅다람쥐 한 마리가 면 코트를 걸치고 있는 모습이 눈에 들어왔다. 다람쥐는 팔에서 면실을 떼어 먹고 있었다. 난데없이 족제비 한 마리가 나타나서 마당 여기저기로 땅다람쥐를 사납게 추격하기 시작했다. 족제비가 땅다람쥐 목을 붙들어 단숨에 명을 끊어 놓으려는 찰나, 다람쥐가 갑자기 획 돌더니 족제비를 바라보며 끽끽 날카로운 소리를 질렀다. 놀란 족제비가 공중으로 뛰어올랐다가 등을 부딪치며 바닥에 떨어지는 동안 땅다람쥐는 도망쳤다.

31

본능을 거스를 때 어떤 결과가 따를까?
똑똑히 말하지 않을 때 어떤 결과가 있을까?
죄의식, 수치, 의심의 결과는 무엇일까?

오며가며 주위에서 그를 본 적이 있었다. 그는 눈에 뜨였다. 서른몇 살 정도였고, 검게 그을렸고, 금발머리, 다부진 몸매였다.

한번 보면 다시 기억나는 그런 사람. 나는 그가 다시 생각났다. 마치 내 의식의 가장자리에 그의 일부를 데리고 다니는 것처럼 느껴졌고, 그래서 그가 나타났을 때는 마치 그가 자신의 것을 찾으러 온 것 같았다.

"내 이름은 조셉이에요." 그가 말했다. "같이 산책할래요?"

"일하는 중이에요." 내가 말했다. "지금은 시간이 없어요."

우리 모두 아이다호 소투스 윌더니스에 있는 외딴 야영지에 머무는 중이었다.

나는 현장생태학 수업 조교였다. 그는 목수 일을 하고 있었다.

"톨파인의 투레이븐스에 올라가면 경치가 끝내주는 곳이 있어요." 그가 말했다.

나는 계속 글을 쓰며 고개를 끄덕였다. 나는 그 등성이를 알았다. 그와 함께 갈 필요는 없었다.

그에게서는 땀이 밴 불 냄새가 났다. 목장 주택의 차폐된 포치에서 산들바람만 불어도, 그의 냄새가 건조하고 뜨거운 시골의 캠프파이어를 연상시켰다. 손마저 먼지투성이였다.

"저녁쯤에 다시 데리러 올게요."

나는 올려다보았다.

그는 내 모카신을 내려다보았다. "등산화를 신어요."

어째서 내가 내 몸의 본능을, 내 직감을 무시했는지 모른다. 거기에는 운 나쁜 이야기의 모든 요소가 있었다. 미미는 우리에게 안데르센과 그림 형제의 동화를 군데군데 읽어 주곤 했다. 나는 더 어둡고 으스스하고 믿음직스러운 그림 형제 동화를 더 좋아했다. 상자 하나 안에 초록색과 빨간색 책들이 들어가 있는 한 질이 누더기처럼 해졌다. 우리 모두 각자가 좋아하는 이야기가 있었다. 나는 언제나 백설공주 이야기를 듣고 싶어 했다. 자신의 사라져 가는 아름다움에 집착하는 사악한 왕비와 "이 세상에서 누가 제일 예쁘지?"라는 그의 끝없는 질문에 위협받는 말하는 거울이라는 아이디어가 마음에 들었다. 왕비는 변장을 하고서 세 번에 걸쳐 백설공주를 살해하려고 한다. 처음에는 코르셋 끈을 아주 꽉 조여서 질식시키려 했고, 두 번째는 독이 묻은 빗을 이용했고, 세 번째는 독이 든 사과를 건넸다. 하지만 백설공주는 항상 죽을 위기에서 벗어나 생명을 되찾고, 사악한 계모를 좌절시킨다. 내게 이 이야기는 백설공주와 왕자의 사랑이야기, 어떻게 몸을 숨긴 상태에서 자신의 힘을 알려지게 만들고 자신을 위협하는 것에 목숨을 빼앗기지 않고 살아남을 것인가에 대한 이야기가 되었다. 구성원 각자가 고유한 장기를 서로에게 제공하여 보호하는 대가족에서 성장한 내가 보기에 일곱 난쟁이는 신뢰할 만했다.

조셉이 나를 꾀었다. 싫다고 말하기보다는 좋다고 말하는 편이 더 수월했다. 나는 펜과 종이를 내려놓고 등산화를 신고 그를 따라나섰다. *이런 일이 나빠 봐야 얼마나 나쁘겠어?* 나는 생각했다. *바람을 쐬는 건 나한테도 유익할 거야.*

"그러니까 당신이 해서웨이의 조교인 거죠?"

"그래요."

"무슨 수업이죠?"

"현장생태학이요."

"학생이 몇 명이에요?"

"열 명이요."

무례하고 싶지는 않았지만 크게 엮이고 싶지도 않았다.

"여기서 얼마나 지내요?"

"2주요."

바로 그때 미국수리부엉이가 우리 앞에서 급강하했다. 너무 가까운 거리에 깜짝 놀란 나는 발걸음을 멈추고 로지폴소나무에 내려앉을 때까지 눈으로 녀석을 쫓았다.

나는 등산로에서 벗어나서 조용히 수리부엉이를 향해 걸어갔다. 조셉은 가던 길을 가다가 내가 자기 뒤에 없다는 사실을 깨닫고 돌아섰다.

"이리 와요, 아직 그 길이 아니에요." 그가 되돌아 걸어오면서 외쳤다.

"여기 잠시 앉아 있을게요. 나는 부엉이랑 같이 있을 기회가 그렇게 많지 않아요." 그러고는 산비탈의 키 큰 노란 풀숲 안에 자리를 잡았다.

조셉은 짜증을 내며 사라졌다.

부엉이는 그 자리에 머물렀다. 깃털 외투를 입은 부엉이는 소나무 사이로 비스듬히 들어오는 빛 안에 완벽하게 몸을 숨기고 있었다. 부엉이는 시선을 내게 고정한 채 움직이지 않았다. 노란 눈은 마치 숲속의 불꽃 같았다. 땅거미가 자아낸 그늘이 움직이는 가운데 얼마나 많은 시간이 흘렀을까?

부엉이는 이중적이다. 경고이자 위안이다. 나는 경고를 거부하고 부엉이의 존재가 선사하는 위안에 몸을 맡겼다. 나는 산속에서 내 마음의 몽상 속으로 가라앉았다. 나에게 이곳은 두려움의 장소가 아니라 집이었다. 야생의 자연에는 그만의 규칙이 있다. 우리는 그 규칙에 따라 양육되었다. 거리를 유지해. 조심해. 항상.

잔가지들이 부러졌다. 나는 뒤를 돌았다. 조셉이 이마에 녹색 방수포를 두르고 셔츠를 입지 않은 채 샅바 차림으로 내 뒤에 서 있었다.

"춥군요." 그가 말했다.

"안 추운 게 이상하겠는데요." 그가 자기 옷을 어디에 놓고 왔을까 의아해하며 내가 말했다. 그가 이런 것들을 어디에서, 왜 찾아냈는지 또는 숨겨 뒀었는지는 더 오리무중이었다.

"돌아가죠."

불안을 자극하는 몸짓이었다. 그에게서 연기 냄새가 났

다. 나는 그 부엉이를 두고, 그러니까 내가 아는 존재를 남겨 놓고, 반벌거숭이가 된 조셉을 따라 주등산로로 들어섰다. 갈림길이 나타나자 조셉은 우리가 왔던 길로 내려가는 대신 멈춰 서서 입을 열었다. "리처드슨 크릭에 닿을 때까지 위로 올라갑시다. 그러면 내려가는 길을 찾을 수 있어요. 그게 캠프로 가는 지름길이에요. 그래야 저녁식사에 늦지 않을 거요."

나는 점점 이상해지는 남자를 계속 따라가는 게 여기서 도망치는 것보다 그나마 덜 위험하다고 판단했다. 그의 심기를 불편하게 만들고 싶지 않았다. 내가 하고 있는 결정들이 제대로 된 분별력과 거리가 먼 상황에서 그에게 판단을 넘기는 건 좋은 태도라고 말할 수 없지만, 그냥 계속 걷기만 하는 것이 내가 알고 있는 것을 믿는 것보다 쉬워 보였다. 나는 갈등을 감당할 에너지가 없었다. 하지만 나는 결정적인 실수를 했다. 동화의 규칙을 잊고 있었던 것이다. 나쁜 일은 숲속에 있는 어린 여자들에게 일어난다. 나는 내가 들었던 모든 동화의 핵심 원칙을 무시했다. 양의 탈을 쓴 카리스마 있는 늑대를 조심해. 세상에는 악마가 있단다. 넌 속임수에 넘어갈 수도 있어.

마침 어두워지기 시작했고 우리는 15분 동안 빠르게 걸었다. 조셉이 내 뒤에 있었다. 거의 헐떡임에 가까운 숨소리가 들렸다. 나는 더 빨리 걸었다. 이번에는 내 신경이 내게 신호를 보냈다. 가파른 골짜기가 어렴풋이 널찍한 모습을 드러냈다. 리처드슨 크릭은 한참 아래였다. 이 길이 아니었다. 내 몸의 모든 털이 곤두섰다. 나는 뒤로 돌았다. 조셉은 커다란 사각의 바위 위에 서 있었다.

그의 목에 있는 정맥들이 눈에 보일 정도로 불거져 있었다. 동공은 검게 확장된 상태였다. 슬로모션처럼 느껴졌던 다음 순간 그가 목표물을 향해 온몸의 힘을 동원해서 머리 바로 위로 빛을 반사하는 양날 도끼를 치켜든 모습이 눈에 들어왔다. 눈이 마주쳤다. 도끼는 나를 노리고 있었다. 그는 앞으로 돌진하다가 미끄러졌다. 나는 달렸다. 한 번도 뒤돌아보지 않고 2.4킬로미터를 한달음에 내려왔다.

저녁식사 시간에 늦은 내게 해서웨이 교수가 별일 없는지 물었다. 걱정하고 있었던 것이다. 나는 그저 긴 산책을 나갔다가 시간을 잘못 계산했을 뿐이라고 했다.

왜 거짓말을 했을까? 왜 나의 스승에게 내가 막 도망쳐 온 공포에 대해 말하지 않았을까? 부끄러움이 밀려왔다. 어쩌면 그건 내 실수가 자초한 일인지도 몰랐다. 아마 나는 전부를 다시 되새겨 보았을 것이다. 나는 조셉을 따라나서기 전에 나의 본능을 믿지 않았다. 어째서 이제는 그것을 믿어야 할까?

그날 밤 나는 침낭을 들고 목장 주택을 빠져나와 모든 사람에게서 멀찍이 떨어진 목초지로 나갔다. 안보다는 바깥이 더 안전하다고 느꼈다. 반짝이는 별들과 하늘을 가로지르는 은하수를 바라보았다. 하지만 내가 알아볼 수 있는 별자리는 양날 도끼 모양뿐이었다. 나는 절대 눈을 감지 않고 몸을 떨며 그저 바닥에 누웠다. 나를 뚫어져라 응시하던 조셉의 확장된 동공의 이미지와, 내 몸이 얼음처럼 굳어 버렸을 때 나를 움직여 준 다리 안에 박힌 욱신거리는 공포를 재생하고 또 재생하면서.

다음 날 나는 브룩에게 일어났던 모든 일을 설명하는 긴 편지를 썼다. 내가 실종될 때를 대비해서 조셉의 인상착의까지도. 나는 내 짐을 브룩에게 떠넘겼다. 원래 동화는 이렇게 전개되지 않나? 어려움에 처한 아가씨를 왕자님이 구해 주는. 내가 말하지 못하면 브룩이 나 대신 말할 수 있으리라. 무슨 일이 일어나면 브룩이 이야기하리라. 나는 입을 열지 못할 것이므로. 만약 내 판단이 틀렸다면? 조셉의 인격을 훼손하고 싶지 않았다. 나는 봉투 안에 작은 부엉이 깃털을 넣었다. 몇 킬로미터 떨어진 주도로까지 걸어가서 스탠리에서 오던 트럭을 불러 세웠다. 픽업에 타고 있던 남자가 차를 세우더니 창문을 내리고 내게 괜찮은지 물었다. 나는 편지를 부쳐 줄 수 있겠는지 물었다. 그는 그러마 했고, 나는 우푯값으로 동전 몇 개를 건넸다.

며칠 뒤 나는 주방에서 마실 차를 따르고 있었다. 가까스로 내 일상으로 돌아가는 중이었다. 스크린 도어가 끼익하더니 쾅 닫히는 소리가 들렸다. 돌아서니 깔끔하게 면도를 하고 옷을 모두 갖춰 입은 조셉이 있었다. 똑같이 메스꺼운 연기 냄새 때문에 나는 구석으로 몰렸다. 심장이 쾅쾅 뛰고 있었다. 그는 나를 향해 천천히 다가오며 속삭였다.

"내가 당신을 죽일 줄 알았나 봐요, 테리?"

번뜩이던 도끼, 머리 위로 천천히 치켜올리던 그의 두 팔밖에 생각나지 않았다. 나는 너무 겁을 먹어서 입이 떨어지지도 않았다. 손가락이 데이는 줄도 모르고 두 손에 찻잔을 쥔 채 내 다리 전체로 다시 얼얼하게 번지는 공포를 느끼며 그저 바닥에 붙박여 있을 뿐이었다.

"왜 달린 거예요? 왜 넘어진 날 버리고 간 거예요? 내가 다쳤을 수도 있는데."

나도 모르게 브룩의 이름을 불렀다. 마치 주문을 깨뜨릴 수 있는 마법 단어라도 되는 것처럼.

"브룩? 브룩이 누구예요?" 조셉이 난데없이 광기에 사로잡혀서 무게중심을 앞뒤로 움직이며 물었다. "당신 결혼했어? 결혼했다고 말 안 했잖아. 당신이 처녀인 줄 알았다고……." 그는 알아듣기 힘든 말을 혼자 중얼거리기 시작했다. 끈적이는 손가락으로 내 목덜미를 건드리며 무아지경으로 빠져드는 그의 파란 눈이 다시 검은색으로 확장했다. 그의 엄지가 내 쇄골 사이 움푹 파인 곳을 천천히 그리고 세게 내리눌렀다. 그는 나를 응시했고 마침내 실망했다는 듯 내게서 손을 뗀 뒤 그 식료품 저장실에서 나갔다. 그 후로 아무도 그를 다시 보지 못했다.

눈맞춤이 이루어지지 않으면 늑대는 양을 무차별적으로 살상한다. 사슴이나 카리부는 늑대와 눈을 마주치면 얼어붙는다. 눈 깜짝할 사이에 포식자와 피식자 간에 결정이 내려진다. 배리 로페즈Barry Lopez는 이것을 "죽음의 대화"라고 한다. 동물은 잡히는 데 동의하거나 동의하지 않는다. *아니, 내 눈이 아니라고 말했잖아. 난 잡히지 않을 거야.* 그 순간 조셉이 골짜기 옆으로 미끄러졌고 내가 달렸다.

소투스에서 남은 날들 동안 나는 누군가에게, 누구에게든, 무슨 일이 일어났는지 이야기하고 싶었다. 말하고 싶었다. 내가 얼마나 겁이 났는지, 내가 어떻게 미친놈에게 도끼로 토막 쳐져서 살해당할 뻔했는지 말하고 싶었다. 그리고 그건 내 잘못이 아니었다. 하지만 나는 믿지 못했다. 나는 그게 내 잘못이라고 믿었다. 난 내 본능을 배반했다. 내 몸은 내게 경고하려고 했다. 부엉이는 내게 경고하려고 했다. 하지만 내가 전부 무시해 버렸다. 내 직감을 지나쳐 버렸다. 한 여자가 입을 열지 않으면 다른 여자들이 다치게 된다. 그리고 이제 조셉은 다른 야생 지역에서 잠든 또 다른 여자를 해칠 수도 있다.

현장 수업 마지막 주에는 하천 연구에 주력하면서 리처드슨 크릭에 살고 있는 날도래와 하루살이 유충을 조사했다. 상류로 올라간 학생들이 와 보라며 미친 듯이 고함을 치기 시작했다. 우리는 수집 장비를 던져 놓고 달려갔다.

골짜기 바닥에 있는 개울 옆에 버들가지로 만든 작은 오두막이 있었다. 그 안에는 피범벅인 사슴 두개골과 뼈로 만든 부적이 있었다. 아즈텍부터 마야까지 중앙아메리카 밀교에 관한 장서들이 질서정연하게 쌓여 있었다. 인간 제물에 관한 부분이 찢어진 종잇조각으로 표시된 채. 그러다 한 학생이 그 양날의 도끼를 찾아냈다.

나는 그 무기를 보고 속이 메스꺼워져서 양해를 구하고 자리를 떴다. 나는 속을 게워 냈다. 한 학생이 내가 풀숲에서 들썩이는 모습을 발견하고 도울 일이 있는지 물었다.
"아니야, 고마워. 그냥 감기야."
나는 다시 한번 누구에게도 아무 말 하지 않았다.
브룩은 내게 경찰에 알리라고 애원했다. 나는 거절했다. 착한 모르몬 여자아이가 말했다. "난 괜찮아."
"그냥 내버려 두자." 내가 말했다.

한 여자가 손으로 자신의 입을 막고 있는 동작은 무엇일까?

한 여자가 눈을 크게 뜬 채 자신의 입을 가리고 있는 동작은 무엇일까?

여자가 눈물을 흘리지 않고 눈으로 울부짖는 동안 남자의 엄지손가락이 여자의 목소리 박동을 누르는 동작은 무엇일까?

젊은 여성이 실종되었고 살해되었을지 모르는데 시신은 발견되지 않았다는 소식을 들을 때면 조셉에 대해, 내 침묵의 폭력에 대해 생각한다.
미미는 언제나 말했다. "여자는 울부짖을 때 가장 진실한 자아에 가까워진단다." 나는 소투스 윌더니스에서 한 번도 울부짖지 않았다.

우리는 너무도 오랫동안 우리를 자신으로 인도하지 않는 길을 걸으라는 유혹을 받아 왔다. 우리는 너무도 오랫동안 아니요, 라고 말하고 싶을 때 맞다고 말해 왔다. 그리고 우리는 너무나도 오랫동안 절박하게 그렇다고 말하고 싶을 때 아니라고 말해 왔다.

거울을 들여다보면 비밀을 간직한 한 여자가 보인다.

우리가 자신의 직관에 귀 기울이지 않을 때 자신의 영혼을 방기한다. 우리가 자신의 영혼을 방기하는 까닭은 그렇게 하지 않으면 다른 사람들이 우리를 버릴 것이기 때문이다. 우리는 우리가 알고 있는 것에 의문을 품도록, 자기 직감의 권위를 깎아내리고 폄하하도록 길러졌다.

나는 이유를 알고 싶다. 나는 나 자신을 방기할 때마다 후회한다. 하지만 후회를 품는 일은 과거에 구애하는 일이며, 여기에는 아무런 움직임이 없다. 우리를 구하는 것은 왕자님의 입술이 아니라 말을 하는 우리 자신의 입술이다.

나는 나 자신이 설정한 조건을 넘어서서, 나를 무너뜨리던 것으로 무대를 무너뜨리면서 성장한다.

32

어머니는 1987년 1월 16일에 세상을 떠났다. 우리는 눈을 담요처럼 덮고 있는 언 땅 아래 어머니를 매장했다. 눈부신 겨울빛에 동반된 백색에는 우울감이 실려 있다. 슬픔에는 목소리가 있다. 내부를 향한 침묵의 차가운 비명소리.

33

눈 폭풍이 지나고 난 뒤, 뉴욕에서 길을 걷던 나는 모퉁이를 돌았을 때 관절에서 잘려 나온 작은 파란 날개 하나가 젖은 인도에 놓여 있는 것을 발견했다. 근육 조각들이 아직도 이 자그마한 피투성이 뼈마디에 붙어 있었다. 유리멧새인 것 같았다. 나는 그 날개를 내가 묵고 있는 아파트의 주인인 여자친구에게 줄 선물로 가져갔다. 친구는 그것을 비범한 아름다움이 깃든 물건으로 여겨 우유 통에 심은 목화의 부드럽고 흰 송이 위에 올려 두었다.

"살인적인 아름다움이네." 친구는 말했다.

브룩과 나는 유타주 웨스트워터캐년의 콜로라도강을 따라 노를 저어 내려가고 있었다. 악명 높은 스킬급류가 우리를 기다리고 있었다. 우리는 협곡 측면에 뗏목을 묶어 두고 근처에서 점심을 먹었다. 물이 돌을 쪼개는 사암회랑을 만들어 낸 붉은암석 벽 위로 칼새와 제비가 날았다. 산비둘기들이 구구구 울었다. 황금솔새들이 버드나무에서 노래했다. 우리는 브룩이 자기 짐에서 샌드위치를 꺼내는 동안 강변에 책상다리를 하고 앉아 있었다.

휘이이이이이이이익!

뭔가가 로켓처럼 우리를 쏜살같이 지나쳤다. 무슨 일이 벌어졌는지 알아차리기도 전에 브룩이 일어서서 나를 내려다보았다. 내 눈 옆이 찢어져 있었다. 예리하게, 순식간에 생긴 상처에서 피가 흘렀다. 나는 날랜 날개 끝이 그린 면도날만큼 가는 선을 손으로 더듬었다.

"매야!" 브룩이 협곡 옆면을 바라보며 말했다. "봤어?" 그러더니 몸을 웅크려 내 눈을 들여다보며 손가락 끝으로 길고 빨간 피눈물을 닦아 냈다. "괜찮아?"

나는 괜찮았지만, 브룩 쪽이 아니라 반대쪽으로 일 인치만 몸을 기울였더라면 매에게 목숨을 빼앗겼을 터였다. 대단한 사망 기사를 남기고.

내 피부에는 깃털 하나가 새긴 상처가 남아 있다. 죽음의 외침은 크게 웃음을 터뜨리기 전에는 결코 움직이는 법이 없는 복화술사의 입술을 통해 다가온다.

34

나의 책《안식처: 가족과 장소의 부자연사》표지에는 매 그림이 실려 있다. 내가 처음으로 교정쇄를 받았을 때 상단 오른쪽을 장식한 그 새는 신화 속 앵무새였다. 책상에 그 이미지를 올려놓고 이틀을 보낸 뒤 나는 편집자에게 전화를 걸어서 그런 새는 존재하지 않는다고, 특히나 그레이트솔트레이크 근처에는 없다고 말했다. 제안을 해 달라는 요청에 나는 "빛나는 매"를, 다가오는 것을 우리가 보지 못하는 존재를 떠올렸다.

나의 어머니, 미미, 그리고 나의 외할머니 레티 모두 몇 개월을 사이에 두고 세상을 떠났다. 암이었다. 유방암, 난소암, 자궁암. 절제, 난도질, 추방. 여성의 몸이 난자된다. 내가 가장 두려워했던 일이 일어났다. 그들의 죽음은 소환장이었다. 발언할 것인지 죽을 것인지 하는.

결정을 내렸다. 나는 선을 넘었다. 부츠에 공책과 펜을 숨긴 채 그 선을 넘었다. 어머니가 돌아가신 지 1년 뒤의 부활절 일요일, 나는 네바다주 핵실험 현장에서 시민불복종을 자행했다. 그리고 체포당했다. 1988년, 당시 이곳에서 핵폭탄이 여전히 사막에서 터지고 있었고, 이는 미국 정부가 이미 했던 실험이었다. 그들은 그게 효과가 있다는 걸 알았다. 합중국이 1945년 8월 6일과 8월 9일 히로시마와 나가사키에 투하한 원자폭탄은 성공적으로 제2차 세계대전을 종식시켰다. 하지만 수만 명이 거대하고 유령 같은 섬광 속에서 증발되었다는 사실은 그들이 찾던 증거가 아니었던 모양이다. 그들은 자국 시민에게서 얻은 증거가 필요했다. 나의 가족과 나는 "다운윈더스downwinders(방사능 낙진이 바람을 타고 이동하는 경로에 사는 사람들)"라고 하는 충성스런 시민에 속했다.

몸짓에는 목소리가 있다. 나는 어머니와 미미의 죽음을 통해 내 말의 무게감을 발견했다. 이것은 내 인생의 잔혹한 아이러니이다.

나의 진술문은 이랬다. "*나는 글을 쓸 것이다. 나는 나의 화를 꺼내어 그것을 성스러운 분노로 바꿀 것이다. 그들의 죽음에서 나는 의미를 만들어 내야 한다.*"

현장 안내서 같은 건 없었다. 지도도 없었다. 나는 자유롭게 즉흥으로 행동했다.

신화 만들기는 진실을 번역하는 진화적인 기획이다.

어머니의 일기는 종이학이다.

"*나는 외가슴 여인족에 속한다.*"

한 친구가 무심히 "어떻게 지내?"라고 묻고 난 뒤 이 말이 내 마음에서 흘러나왔다. 그때는 지금 내가 알고 있는 것을 알지 못했다. 이 이미지가 나로 하여금 우리 집안 여자들을 유방암 피해자가 아니라 전사로 이해하게 했다는 사실을. 22년 뒤 이 말들, 이런 이미지, "여자들이 새였을 때"가 아무런 설명도 없이 꿈에서 나를 찾아왔다.

우리가 그랬다고?

아직도 그럴까?

우리는 절대 잡히지 않고 움직이고 있나? 우리는 파악하기 어려운 존재로 남기를 선택했다.

"나는 날개 달린 여자이다." 한때 나는 이렇게 썼고 이제는 이 말들을 수정할 것이다. "나는 날개 달린 다른 여자들과 함께 춤을 추는 날개 달린 여자이다."

목소리를 가진 공동체 안에서는 모두가 번영을 누린다.

나는 《안식처》에서 이 순간들을 추억의 반복으로서가 아니라 우리가 시공간 속에서 어떻게 진화하는지를 되새기는 용도로 다시 언급한다. 절망 앞에서 굴하지 않는 용기는 어둠 속에서도 앞을 볼 수 있는 밤눈 같은 것이다. 죽음의 눈으로 축복받은 여자들은 두려움이 없다.

35

어머니의 사진이 한 장 있다. 어머니는 티턴을 배경으로 잭슨레이크 위의 배에 서 있다. 자개 단추가 달린 체크무늬 셔츠에 너무 큰 듯한 리바이스 재킷을 입고 있다. 바람이 불고 있었을 것이다. 어머니가 턱 밑에 스카프를 동여매고 있는 걸 보면. 머리칼 한 갈래가 스카프에서 빠져나와 앞이마에 휘어져 있다. 다른 머리칼들은 옆으로 흩날린다. 눈빛이 강렬하고 코가 오뚝하다. 입은 미소를 짓지도 찡그리지도 않는다. 어머니는 강인하다. 어머니는 나를 바라본다. 나는 어머니가 무엇을 보고 있는지 궁금하다.

> 어느 쪽이 더 좋은지 모르겠어,
> 억양의 아름다움인지
> 의미의 아름다움인지
> 검은 새가 노래할 때인지
> 아니면 그 직후인지.
> ― 월리스 스티븐스, 〈검은 새를 보는 13가지 방법〉

어머니의 일기는 "그 직후"이다.

36

모르몬 문화에는 "나는 당신과 함께 평원을 건널 것이다"라는 말이 있다.

뜻은 간단하다. 당신은 강인하다. 당신은 믿음직하다. 당신은 자신의 무게를 짊어질 수 있다. 베아 이모할머니는 훌륭한 개척자의 자질로 빚어진 사람들 중 하나였다.

베아트리스 롬니 버그는 내 어머니의 이모, 할머니의 동생, 일부다처제와 관련된 박해를 피해 멕시코에서 은신처를 찾았던 빌레이트 리 롬니와 파크 롬니의 둘째 딸이다. 1890년 모르몬교회는 종교적 관행으로서의 복혼에 종언을 고하는 선언문을 발표했다. 멕시코에서 일부다처제는 불법이었지만 철저한 감시가 이루어지지 않은 곳에서는 모르몬교 성도들 사이에서 여전히 일반적으로 이루어졌다.

가족의 이야기는 이런 식이다. 롬니 가문 남자들은 무장을 하고서, 치와와 지역의 콜로니아 더블란에 있는 모르몬 정주지로 향하는 판초 비야(멕시코의 혁명가)와 그의 조직 "빌리스타스"에 대비했다. 멕시코 혁명이 시작된 것이다.

때는 1911년이었다. 증조할머니 빌레이트는 저녁식사를 준비하고 있었다. 당장 떠나야 한다는 소식이 도착했다. 둘째 아이를 임신 중이었던 할머니는 임신한 배에 겨우 두 살도 안 된 아기 레티를 동여매고 말을 타고 달렸다. 할머니는 다른 사람들과 함께 국경을 건넜다. 엘파소에서는 한때 모르몬 배교자들을 난민으로 간주했다. 미합중국이 그들을 어떻게 할지 결정을 내릴 때까지 그들은 가축처럼 우리에 들어가서 구석에 몰려 있었다.

증조할머니는 내게 그들이 집을 어찌나 재빨리 버리고 피난길에 올랐던지 오븐에 굽던 케이크까지 그대로 남겨 놓았다고 이야기해 주었다.

진실은 무엇이고 상상은 무엇일까?

진실은 정부가 가족들에게 선택할 수 있는 마을로 가는 일방향 티켓을 주고 난 뒤, 되돌아온 유타주에서 베아 이모할머니가 태어났다는 것이다. 그들은 유타주 코니시를 택했고, 나의 증조부모는 사탕무를 재배했다. 증조할아버지 파크 롬니는 모르몬 가부장으로 임명되었다. 가부장의 일은 하나님으로부터 개별화된 축복을 전달하는 것이었다.

가부장이 어머니에게 내린 축복은 어머니가 12살이었을 때 어머니의 할아버지가 어머니에게 전달했다. 할아버지는 어머니를 자신의 작은 명금(鳴禽)(고운 소리로 우는 새)이라고 불렀다.

내가 가부장에게서 받은 축복은 고등학교를 졸업하고 난 뒤 17살 때 주어졌다. 아직도 몸에 지니고 있는 내 축복의 구절은 "신의 진리와 상충되는 그 어떤 것도 너에게 몸을 드러내지 않을지니"였다. 나는 이 말을 믿었고 지금도 그렇다. 나는 이 말을 나의 개인 신학에 통합시켰다. 질문을 추구하라는 이 격려가 깃털과 털의 영적인 지혜를 포함하는 나만의 종교적 탐구를 위한 문을 열어 주지 않았다고 누가 말할 수 있을까?

가족 친목회로 당신의 마을이 두 배로 커질 때 당신은 자신이 모르몬교도임을 알게 된다. 가족 친목회 날은 솔트레이크시티에 있는 베아 이모할머니 집으로 예정되어 있었다. 어머니와 할머니는 서로 2년도 안 되는 시차를 두고 돌아가셨다. 이제는 베아가 롬니 씨족의 가모장이었다. 나는 참석해야 한다는 의무감에 떠밀려 그곳에 갔다. 한창 글 쓰는 중이라 어디도 가고 싶지 않았고, 더더군다나 한창 출산과 육아 중인 내 친척들은 대면하고 싶지 않았다. 책을 창조하는 일은 적법한 임신이 아니었다.

나는 현관 벨을 눌렀다. 베아 이모할머니가 문을 열었다. 할머니가 굽 있는 신발을 신지 않았는데도 190센티미터로 보였다고 한다면 믿겠는가? 나는 할머니를, 할머니의 쩌렁쩌렁한 목소리를, 확신에 찬 몸가짐을 흠모했다.

"들어와, 들어와." 그가 말했다. "다들 와 있어. 우리 테리, 네가 와서 우린 너무 행복하단다."

롬니 집안 여자들의 매력적인 자질은 자신들의 이야기 상대에게 쏟는 외향적인 관심이고, 나는 그의 주요 관심사였다. "그래 요즘 어떻게 지내는지 말해 보렴. 넌 항상 제일 재미난 일을 하잖아. 인디언을 공부하고, 그지?" 베아 이모가 물었다. "레티가 그립구나. 항상 우리에게 네 행방을 알려 줬는데."

나는 책을 쓰고 있다고 말했다.

"책? 무슨 내용인데?"

"어머니에 대해서요."

이 대목에서 나는 그의 미소가 아주 살짝 흔들리는 모습을 보았다. "다이앤에 대해서?"

그리고 나서 나는 너무 많은 말을 하는 실수를 했다. "그레이트솔트레이크의 상승과 어머니의 죽음 사이의 관련성에 대한 책을 쓰고 있어요."

"그렇구나, 일단 들어와서 음식을 좀 들려무나." 베아는 나를 보았다, 내 평평한 배를 재빨리 슬쩍. 그러고는 우리는 친척들의 웅성거림이 가득한 거실로 옮겨 갔다. 몇 년까지는 아니라도 몇 달 동안 보지 못한 이들이 많았다. 나는 그들을 만나서 반가웠다.

그럼에도 나는 오래 머물지 않았다. 혼란스러웠다. 집으로 차를 몰고 오는 동안 내 모든 생각은 현재 시제가 되었다. *어쩌면 내가 정말로 미친 건지도 몰라. 어쩌면 정말로 범람하는 그레이트솔트레이크와, 물속에 가라앉는 조류 안식처와, 난소암이 원인인 어머니의 죽음 사이에는 아무런 관계가 없는지도 몰라.*

진입로에 들어서자 브룩이 출장 갔다는 생각이 떠올랐다. 나는 혼자였다. 나 자신의 생각에 사로잡힌 채. 나 자신의 공포에 사냥당한 채. 두렵고 상처입은 채. 집 안에 들어간 나는 내가 잊어버릴 게 틀림없는 장소에 열쇠를 내려놓고, 불을 켜고, 소파에 몸을 파묻었다.

그날 밤 침대에서도 마음의 질주를 멈출 수가 없었다. 잠을 이를 수가 없었다. 나는 자리에서 일어나 지도를 그렸다.

우리 지하실에는 어릴 때 쓰던 이젤이 파묻혀 있었다. 그

이젤에는 아직도 마닐라지들이 끼워져 있었다. 그 이젤을 위층으로 들고 올라왔다.

나는 손에 두 개의 매직을 들고 종이 양쪽에 내가 작업 중인 다양한 주제를 휘갈겨 적었다.

그레이트솔트레이크	어머니
베어리버 조류 안식처	가족
범람	암
야생생물자원분과	모르몬교회

나는 두 목록에 원을 그렸다. 두 가지를 연결하는 고리는 없었다. 그러다가 나는 이 무관해 보이는 세계를 한데 엮는 것은 서술자임을 깨달았다. 그래서 나는 그 밑에 내 이름의 머리글자 TTW를 적고 동그라미를 친 다음 뒤에 있는 두 원에서 각각 두 개의 선을 그려서 모두를 한데 연결시켰다. 나는 물러서서 도표를 응시했다. 갑자기 내가 미치지 않았다는 깨달음이 밀려왔다. 내 앞에는 여성의 재생산 시스템을 나타내는 지도가 있었다.

나는 내 원고를 모아서 재빨리 두 무더기로 정리하기 시작했다. 어머니, 어머니, 어머니. 조류 안식처, 안식처, 안식처. 나는 어머니와 관계있는 무더기를 그러쥐고, 나이트가운 위에 리바이스를 꿰어 입고, 카우보이부츠를 신고, 협곡 아래로 내달렸다. 나는 제일 가까운 킨코스로 차를 몰고 가서 내 책의 절반을 계산대 뒤편의 젊은 여자에게 건넸다.

"이걸 최대한 밝은색 종이에 프린트해 주겠어요?"

"그럼 읽기가 좀 불편할 텐데요." 그녀가 말했다.

"괜찮아요."

"청록색?"

"완벽해요."

그러고 난 뒤 나는 시계를 쳐다보면서 기다렸다. 새벽 2시가 지난 시간이라는 것도 몰랐다. 점원 여자와 나 둘뿐이었다.

갑자기 문이 열리더니 나보다 몰골이 더 형편없는 남자가 들어왔다.

시인 마크 스트랜드였다. 우린 친구였다. 나는 내 쨍한 청록색 원고가 당장 나오지 않기만을 기도했다.

"여기서 뭐 해?" 마크가 물었다.

"마크, 한 단어도 더 쓸 수 없을 것 같다고 느끼는 날이 있어?" 그 순간 마크는 나를 소멸시킬 수도 있었다. 내 모든 방어 장치가 해제되어 있었다.

"매일." 젊은 여자에게 자신의 흰 종이들을 건네는 그는 내 청록색 종이는 알아차리지도 못했다.

청록색 종이 무더기를 들고 집으로 돌아온 나는 다시 원래 순서에 맞춰 원고를 정렬했다. 청록색 종이로 출력한 것들이 너무 강렬하다는 사실을 알아차렸다. 새 이야기를 담은 흰 종이들은 너무 많았다. 내가 할 일은 두 개의 평행한 이야기를 우아하게 엮어 연청록색 원고를 만들어 냄으로써 하나의 일관성 있는 책으로 완성하는 것이었다.

Utter: 확고하고, 완벽하게 - 말하다.

Soul utterance: 용기를 내어 우리의 취약성을 말하다.

37

여명에 울부짖는 부엉이에게.

나는 너에게 묻는다. 어째서-*왜 지금*-밤이 굴복하는 지금인 거야? 어째서 태양이 이울기 시작하는 때, 우리가 어둠 속으로 사라지기를 기대하며 어스름의 숄을 몸에 두르는 이때, 그 사무치는 울음소리를 내지 않는 거야? 어째서-*우리가 할 수 있는 것은 아무것도 없어서*-너의 울음소리를 들을 수 있는 이때이면 안 되는 거야? 나는 지금 너에게 묻는다. 어째서 너는 깨어남의 순간을 위해 너의 목소리를 아껴 두는 거야? 네가 꿈의 가장자리에서 나를 부를 때, 나는 이불 속을 고수하며-*잠, 잠, 잠*-잠의 안락 속에 머물고 싶다고. 어스레한 용기를 내어 *일어나-지금-바로*, 라고 나를 불러 내는 너보다는 차라리 금수 형상이 뒤섞인 괴물을 더 안전한 존재처럼 느끼면서 말이야.

어머니의 일기는 선문답이다.

어머니의 일기는 명상이다.

어머니의 일기는 한 송이 만개한 연꽃이다.

38

진흙이 없으면 연꽃도 없다. 암. 그 많은 암. *우리 가족 중에 9명의 여자가 모두 유방 절제술을 받았고, 7명이 목숨을 잃었다.* 미미는 1989년 6월 27일에 세상을 떠났다. 다음 날 잠에서 깨어났더니 모든 색이 빠져나간 여름이었다. 흑백이 아니라 회색의 세상이었다.

길고 비옥한 삶을 살고 난 84세의 일기였음에도 미미는 너무 빨리 떠났다.

나는 침대에서 일어날 수가 없었다. 삶을 이어 갈 수가 없었다. 집 밖으로 나왔을 때는 공원에 있는 인공 연못가에 몇 시간이고 앉아 있었다. 거울 같은 물 위에 떠 있는 길들여진 오리들과 함께. 나는 아무것도 응시하지 않았다. 아무것도 중요하지 않았다. 나는 마비되었다. 브룩은 걷는 게 도움이 될 거라고 말했다.

나는 매일 걸었다. 그것은 명상이 아니라 생존이었다. 눈을 바닥에 고정시킨 채 중심을 잡으려고 애쓰면서, 한 발 앞에 또 한 발.

—

아울캐년의 이끼는 너무 메말라서 우리가 그 위에 부은 물을 받아들이지도 못했다. 대신 작은 물방울들이 사막의 눈물처럼 그냥 또르르 굴러갔다. 나는 우리 지역에 발생한 가뭄의 심각성에 대해 아는 바가 전혀 없었다.

우리는 유타주 콜로라도강 가장자리에 있는 구불구불한 협곡을 계속 올라갔다. 갈라지고 건조한 흙은 우리가 본 것 가운데 그나마 정도가 약한 것이었다. 개구리가 되려고 애쓰던 올챙이들이 너비 2피트짜리 웅덩이 앞에서 말라 죽었다. 칼새들은 한때 믿음직했던 봄의 마지막 방울들로 목을 축이려고 창공에서 땅으로 내려왔다. 녹색 싹을 내보내는 데 실패한 펜스테몬은 지난가을의 메마른 골격을 넘어서지 못한 채 이제는 바람에 흔들리고 있다. 어디를 봐도 바싹 마른 세상, 궁핍의 감각이 퍼져 있었다.

메마른 어떤 웅덩이 가장자리에 기이하고 아름다운 고동색 고리가 형성되어 있었다. 친구이자 생물학자인 로라 카말라는 간단히 "조류(藻類)(물속에서 광합성을 하는 식물)"라고 말했다.

우리는 무릎을 꿇고 그것을 건드려 보았다. 고동색 조류가 마치 마법처럼 오렌지색으로 변했다. 그것을 다시 부드럽게 문질렀더니 교란이 심할수록 색깔이 더 환해진다는 사실을 알게 되었다. 내 경험의 스펙트럼에 들어 있지 않은 오렌지색이었다. 그 색은 색소라기보다는 광휘였다. 내 손가락 위에 살아 있는 카로틴이었다.

초기 사막 거주자들이 자신의 역사를 붉은암석 벽에 그렸을 때 이것을 알았을까?

나는 내 왼 손바닥에 오렌지색 원을 그리고 기도하듯 두 손을 포개 잡았다. 손을 펼쳤더니 원이 한 개에서 두 개가 되었다. 로라는 양손에 소용돌이 문양을 만들고 양발에는 십자가를 그렸다. 나는 이마에, 목에, 가슴 사이에, 배꼽 밑에, 발등에 자국을 낸 뒤, 목 뒤에 오렌지색 점을 찍었다.

의식은 그 자체의 논리를 빚어낸다.

배가 청록색인 도마뱀들이 빠르게 오르락내리락하면서 가까이 다가왔고, 나는 가뭄의 시기에 이런 풍요를 빚어내는 것이 무엇인지 생각에 잠겼다. 우리 앞에는 미지의 팔레트가 있다. 조류가 투쟁의 한중간에서 자신을 사용하라고 애원하며 무성하게 번성하고 있었다. 교란은 창조를 낳는다.

우리는 협곡 아래로 내려와 집에 돌아와서 세이지를 향해 손을 벌려 그 창백한 은청색 식물에 오렌지빛의 충격을 남겼다. 세이지는 오렌지색과 조화를 이루며 깨어났다. 솔트브러시와 래빗브러시 역시 작고 깃털 같은 잎을 열기 속에 일렁이며 더 강렬해졌다. 우리는 사막의 가뭄 속에서도 아직 살아 있는 모든 것에 우리의 손바닥을 펼쳤고 그 특징이 돌출하는 모습을 지켜보았다.

이 색을 뭐라고 부를까?

집에 돌아온 나는 허물어지는 침식의 풍경을 앞에 두고 바깥에 서 있었다. 우리가 점화한 오렌지빛 화염이 글로브말로우 정원에서 이글거렸고, 거기서 그것은 다시 파란색을 배경으로 퍼덕대는 오렌지색 날개가, 제왕나비의 궁극에 가까운 오렌지빛이 되었다.

미미는 생이 저물 무렵 그림을 배웠다. 늘 해 보고 싶어

했던 일이었다. 미미의 마지막 캔버스 중 하나에는 〈자화상〉이라는 이름이 붙어 있다. 미미는 방향을 가리키는 자신의 손가락 위에 앉은 집굴뚝새 한 마리를 그렸다.

39

 월더니스협회Wilderness Society에는 남다른 보존의 역사가 있다. 월더니스협회의 초대 회장인 올라우스 뮤리의 아내이자 역시 보존주의 운동가였던 마디 뮤리는 내가 티턴과학학교에서 지내던 시절부터 나의 절친이자 멘토였다. 1964년 야생보호법은 그랜드티턴국립공원 안에 있는 뮤리 목장의 현관에서 초안이 만들어졌다. 1950년 월더니스협회의 회장이었던 올라우스는 로비를 통해 글레이셔국립공원과 다이너소어국가기념물 안에서 연방의 대형댐 프로젝트를 성공적으로 막아 냈다. 그는 작가 월리스 스테그너Wallace Stegner에게 이 운동을 지지하는 문학적 도구로써 《이것이 공룡이다This Is Dinosaur》를 만드는 작업에 자신도 넣어 달라고 부탁했다.

 월리스 스테그너는 위대한 삼림정책 개혁가 아니 볼레Arnie Bolle, 콜로라도대학교 법학 교수이자 서부의 물 정책과 인디언 법 전문가인 찰스 윌킨슨과 함께 월더니스협회의 운영자문위원회 구성원이었다. 자문위원회에는 26명의 구성원이 있었는데, 이 가운데 여성은 단 두 명이었다. 클린턴 행정부 관리예산실 부실장이었던 앨리스 리블린, 그리고 조지아 출신의 보존주의 운동가 제인 얀. 나는 마디의 성화에 자문위원회에 합류해 달라는 제안을 받아들였다.

 월더니스협회의 자문위원회에서 일하게 된 첫해에는 입도 벙긋하지 않았다. 나는 귀 기울였다. 공유지 정책에 대해 아는 척하며 떠드는 남자들에게 귀 기울였다. 그들은 주장을 펼쳤다. 논쟁을 벌였다. 권고 사항을 마련했다. 인상적이었다. 앨리스 리블린은 재정과 예산 관련 사항에 대한 어떤 대화에서도 핵심적이었다. 언제나 품위 있는 제인 얀은 자신의 지식을 보태곤 했지만 보통은 남부의 토지 문제가 제기될 때에만 나섰다.

회의 중간의 휴식 시간에 나는 잠시 밖에서 산책을 하려고 회의실을 나섰다. 엘리베이터 쪽으로 걷는데 그 앞에 앨리스 리블린이 서 있었다. 리블린이 내려가는 버튼을 눌렀다. 문이 열렸다. 우리는 안으로 들어섰다. 엘리베이터가 내려가는 동안 우리 둘은 닫힌 문을 응시했다.

"목소리가 있나요?" 그는 버튼이 달린 패널이 있는 앞쪽을 바라보며 물었다.

"네." 내가 대답했다.

"그 목소리를 들어 볼 수 있다면 좋겠네요." 엘리베이터 문이 열렸고, 그는 빠르게 사라졌다.

자문위원회에 참여했던 두 번째 해에 나는 발언을 했다. 리블린의 말에 따라 대화에 기여하기 시작했다. 나는 두 가지 사실을 알아차렸다. 첫째, 내가 질문을 하거나 의견을 제시하면 잠시 정적이 이어지다가, 내가 막 한 말에 대해서는 일언반구 언급되지 않고 토론이 이어지곤 했다. 나는 시적인 통찰의 순간을 제공하는 맥락에서만 들리는, 투명인간이 된 것 같았다. 주변적인 사람.

둘째, 나는 테이블에 둘러앉은 다른 모든 사람이 가지고 있는 듯해 보이는 정보를 똑같이 가지고 있지 않았다. 나는 모든 자료를 두 번 읽었다. 동반된 제안서와 함께 모든 사안을 공부했지만 여전히 토론의 핵심을 놓치고 있었다. 그걸 알아낼 방법이 없었다.

한 번은 회의가 끝나고 나서 한 남자가 다른 자문위원 몇몇과 함께 한잔하러 가지 않겠느냐고 권했다. 나는 그렇게 했다. 바로 그곳에서 나는 다른 모든 사람이 알고 있는 것을 습득했다. 정책은 회의실 밖에서 결정된다. 회의 그 자체는 형식적인 절차였다.

나는 프랑스 작가 클로딘 허만이 쓴 《혀 도둑》을 읽는 중이었다. 작가는 "날다" 또는 "훔치다"를 뜻하는 프랑스 동사 voler를 조명했다. 두 경로는 전통적으로 여성이 말할 때 활용 가능한 방식이다. 우리는 도망쳐서 사라지거나, 아니면 종종 우리 자신을 희생시킨 채 지배적인 남성의 언어를 훔치고, 채택하고, 거기에 적응한다. 허만은 또 다른 방법 "어머니의 혀" 경로를 제시한다. 우리의 경험과 유사한 진정한 토착어를 사용하는, 험악하지만 동시에 연민 어린 목소리, 저미고, 깎거나 자르고, 모양을 만들고, 조각을 하거나 찌를 수 있는 칼로서의 목소리.

나는 다음 날 회의에 일찍 도착했다. 아직 아무도 없었다. 테이블 가운데 《혀 도둑》을 올려놓았다. 혀를 쭉 내밀고 비명을 지르는 여성과, 그것을 잘라 내기 위해 칼을 휘두르는 정체불명의 손 이미지는 사고를 자극할지 몰랐다. 입을 쩍 벌리고 달아나는 여자를 그린 벤 샨의 표지 그림이 마음을 흔든다. 나는 여성적인 목소리(더 나은 용어가 없다 보니)가 계속 퇴색할 경우 남성적인 사고의 모든 측면이 우리 모두를 위험에 빠뜨린 채 지구의 얼굴을 수놓게 되리라고 생각했다. 나는 토론을 벌일 준비를 단단히 했다.

아무 일도 일어나지 않았다.

자문위원들이 도착했다. 남자들(앨리스도, 제인도, 그날 회의에는 참석하지 않았다)이 자리를 잡고 야생 비즈니스를 재개했다. 책과 그 이미지, 또는 어째서 그런 책이 갑자기 윌더니스협회의 원탁에 중앙 장식물처럼 놓여 있는지에 대해서는 일언반구 없었다. 에이드리언 리치의 말 "연결의 욕구, 공통 언어의 꿈"은 완벽히 외면당했다.

자문위원회에 참석하던 셋째 해에는 스며들기로 결심했다. 나는 귀 기울였다. 발언했다. 보이지 않는 곳에서 로비를 했고, 회의가 끝나고 남자들과 함께 술집에 갔다. 하지만 이상한 일이 벌어지기 시작했다. 대화의 주제는 땅보다는 권력에 대한 것으로 흘러가고 있었다. 우리 사이의 토론은 황무지의 정치보다는 조직 내부의 정치 위주였다. 우리는 가축이 야생에서 풀을 뜯어도 되는지 아닌지에 대해 이야기하기보다는 부동산에 대해, 우리가 얼마나 많은 임대료를 징수해야 하는지에 대해, 상류층 동네에서 우리의 입지를 다지는 일의 중요성에 대해 논의하고 있었다.

회의에 참석할 때마다 나는 어째서 우리가 조지 H. W. 부시의 환경 정책, 그중에서도 특히 서부의 공공 토지를 석유와 가스업에 임대하는 문제에 대해 더 강력하게 대응하지 못하는지 의아했다. 정치인에게 접근하는 것이 원칙보다 더 중요한 문제인 듯했다. 절충된 야생보호법안이나마 전혀 없는 것보다는 나았다. 가장 큰돈을 내는 기부자가 가장 큰 발언권을 가졌다. 나는 보존, 기업, 그리고 돈과 권력에 사활을 건 의회 사이에서 그림자 춤을 목격했다. 다른 자문위원 두 명과 함께 공항으로 돌아가는 길에 타고 있던 검은 타운카의 착색 유리창에 비친 내 모습을 마주한 순간, 나도 그 그림자 춤의 일부가 되어 가고 있음을 깨달았다.

4년 차에 나는 그만두었다. 신념과 타협 사이에서 내 내부에 생긴 균열을 화해시킬 수가 없었다. 정치적으로 어떤 성과를 냈든 개인으로서는 실패한 셈이었다. 나는 내가 정치인이 아니라, 그리고 확실히 전문적인 보존주의 운동가가 아니라, 작가임을 깨달았다. 워싱턴의 분주함은 흥겨웠지만, 집에 돌아오면 우리가 내어주고 있는 것에 낙담하고 지쳐서 무너져 내렸다. 내게 있어서 진짜는 상원의원과의 점심식사가 아니라 사막에 비가 오고 난 뒤 퍼지는 달달한 세이지 냄새였다.

워싱턴에 갔던 것은 공유지를 사랑했기 때문이다. 워싱턴에 갔던 것은 차이를 만들어 낼 수 있으리라고 믿었기 때문이다. 내가 빠져나온 세상으로 다시 되돌아가기 위한 유혹이 필요한 시기에, 존경하는 조직에 발을 들여 달라는 요청을 받았기 때문이다. 몇 번이나 내 심장이 부서졌는지, 내 꿈이 내동댕이쳐졌는지, 아드레날린이 솟구쳤다가 빠져나갔는지 셀 수도 없다. 유타의 야생에 관한 한 나는 객관적인 태도를 취하는 법을 알지 못했다. 국립북극야생물안식처의 전부가 아니라 일부만 보호하는 법을 알지 못했다. 그리고 어째서-영역을 의미하는-자신의 이익을 지키기 위해, 돈을 의미하는 자원이나 정보를 다른 보존 조직에 내어주지 않는 것이 언어도단이 아니라 전략인지 결코 이해하지 못했다. 나는 내가 사랑하는 것을 위해 변론하는 법밖에는 몰랐다.

워싱턴의 정치는 내 비위에 맞지 않았다. 나는 자신을, 내 열정이 품고 있는 진실을 대면해야 했다. 언어, 조심스럽게 건네고 몸치장을 하고 야생에 이로운 것처럼 위장한 언어가 아니라 길들여지지 않는 언어, 자르면 피가 흐르는 언어를 비롯한 야생의 모든 것을. 정치는 권력과 간계의 게임이다. 타협이 필요할 수도 있지만 내 약초 꾸러미에는 들어 있지 않았다. 우리는 이미 너무 많이 타협한 상태였다.

나는 극단에 몰린 내 목소리를 들었다.

40

월리스 스테그너는 《야생 편지Wilderness Letter》에서 "우리가 남아 있는 야생이 파괴되도록 내버려 둔다면 하나의 민족으로서의 우리에게서 무언가가 빠져나가게 될 것"이라고 적었다. "그 끝으로 차를 몰고 가거나 들여다보는 것 이상의 별다른 일을 하지 못하더라도, 우리에게는 이용 가능한 야생의 땅이 그냥 필요하다."

자문위원회 안에서 논쟁이 있었다. 내무부장관 마뉴엘 루한의 최신 환경 정책을 〈뉴욕타임스〉에 전면 광고를 싣는 방식으로 공개적으로 맹비난할 것인가, 아니면 막후에서 움직여서 조지 부시 대통령에게 접근할 수 있는 의회 구성원에게 영향력을 행사할 것인가? 자문위원회는 반으로 쪼개졌다.

월리스 스테그너가 지혜를 발휘해서 해결사 역할을 하도록 하자는 결정이 내려졌다. 의문이 제기되었다. 우리는 부시 행정부에 대한 공적인 대응에서 더 강력해야 하나, 아니면 사적인 자리에서 더 전략적이 되어야 하나? 자문위원회는 우리가 더 급진적인 경로를 채택할 경우 〈뉴욕타임스〉에 보낼 글을 쓸 사람으로 찰스 윌킨슨과 나를 선발했다. 우리는 팔로알토에 있는 스테그너의 집으로 가서 그에게 선언문을 건넸다.

"선언문을 들어 봅시다." 스테그너는 자문위원회의 분열과 딜레마에 대한 브리핑을 들은 후 이렇게 말했다. 우리는 로스알토스의 부드러운 노란 언덕들이 내다보이는 그 집 발코니에서 그의 아내 메리와 함께 길고 애정 어린 점심식사를 막 마친 상태였다.

찰스와 나는 신경이 곤두섰다. 자신이 가장 흠모하는 작가 앞에서 자신이 쓴 글을 어떻게 읽는단 말인가?

윌킨슨이 우리가 작성한 초안의 도입부를 읽고 내가 마무리를 했다.

스테그너는 팔짱을 끼고 의자에 앉아 있었다. "그게 다인가요?" 그가 말했다. "그걸 나한테 읽어 주려고 캘리포니아까지 왔단 말이죠?" 그러고 난 뒤 그는 부시 정부의 정책을 믿을 수 없을 정도로 맹렬하게 공격했다. 우리는 스스로를 진보적이고 용감하다고 여겨 온 소심함에 부끄러움을 느꼈다.

진정한 웅변에는 예리하고 깔끔한 힘이 있다.

한 달 뒤 스테그너는 1992년 국가예술훈장을 받게 되었지만, 린 체니 같은 관료들의 폭압 아래에 놓인 국립예술기금위원회와 국립인문재단에 가해지는 정치적 통제가 "성가시다"는 이유로 거절했다.

스테그너에게 야생의 진실성과 예술의 진실성은 동일한 것, 영감의 원천으로서 존경과 보호를 받아야 할 무언가였다. 로버트 메이플소프(미국의 사진작가)의 난초와 북극 해안평원의 위태로운 툰드라 모두 상상력의 보고로서 우리의 존중과 절제를 누릴 가치가 있었다. 창의성은 열린 공간의 또 다른 형태이며, 그 본질은 뒤흔들고 교란하고 "우리를 다정함의 상태로 몰고 가는 것"이다.

스테그너가 "희망의 원산지"에 관해 이야기했을 때, 그것은 우리가 "풍경에 걸맞은 사회를 창조"할 수 있다는 그의 믿음과 절실함에서 비롯한 직접적인 부응이었다.

나는 사막 속의 우리 집, 유타로 돌아왔다. 나의 정치는 줄곧 지역에 머물 것이었다.

1994년 중간 선거에서 공화당이 압승하고 난 뒤 하원의원 짐 핸슨과 상원의원 오린 해치가 이끄는 유타 의회 대표단은 유타의 야생법안을 최종적으로 작성하겠노라 선언했다. 그들은 유타의 황무지를 둘러싸고 수십 년 동안 이어진 논쟁에 지쳐 있었다. 핸슨과 해치는 "깅그리치 혁명"과 동시에 자신들이 원하는 것-최대한 적은 양의 야생-을 손에 넣을 정치적 권력을 갖게 되었다고 믿었다. 주지사 마이클 리빗은 법에 따르면 공개 청문회를 실시해야 함을 이들에게 상기시켰다. 그래서 1995년 1월부터 5월까지 주 전역에서 지역 청문회가 열렸다. 유타 주민의 70% 이상이 더 적은 야생이 아니라 더 많은 야생을 원했고, 당시 570만 에이커의 야생을 보호하자는 〈시민의 제안Citizens' Proposal〉을 지지했다. 유타 주민들은 목소리를 들어 주기만 하는 게 아니라 존중할 것이라는 소식을 접했다.

공식적인 의회 소위원회 청문회는 유타주 시더시티에서 열렸다.

패널은 셋이었다. 정치인 패널, 추출 산업 패널, 보존 패널. 나는 보존위원회로부터 발언을 요청받았다. 우리는 마지막에 증언할 예정이었다.

국회의원 짐 핸슨과 그의 동료들은 겁을 주려는 듯 우리 위편 무대에 앉았다. 내가 일어나 발언을 하는 동안 그는 서류를 뒤적이고, 하품을 하고, 기침을 하는 등 지루함과 불만을 표출할 수 있는 모든 동작을 하기 시작했다. 내가 증언을 절반 정도 했을 때 그 의원이 듣지도 않는다는 사실이 분명해졌다. 나는 문장 중간에 말을 멈췄다. "핸슨 의원님, 저는 일생 동안 유타에서 살아온 사람입니다. 제가 하는 말이 야생에 대한 의원님의 관점을 조금이라도 바꿀 수 있기는 한가요?"

핸슨 의원은 코끝에 걸린 안경 너머로 바라보며 천천히 팔꿈치로 기대더니 무심히 말했다. "미안해요, 미즈 윌리엄스. 당신 목소리에 있는 뭔가가 내가 귀 기울이는 걸 방해하는군요."

그리고 거기서 끝이었다.

나는 그가 마이크 성능을 언급한 게 아니었다고 생각한다. 핸슨 의원의 말은 하나의 은유, 우리가 야생에 관해 하는 말에 귀 기울일 능력이 없음-아니 귀 기울이기를 거부함-을 상징적으로 보여 주는 표현이 되었다.

한 달 뒤 핸슨과 해치는 토지관리국을 통해 관리되는 2200만 에이커 가운데 180만 에이커만을 보호한다는 제안을 담은, 1995년 유타공유지관리법을 제출했다.

그것은 민주주의의 얼굴에 내리친 따귀, 공공선의 이름으로 대중의 신뢰를 저버린 배신행위였다. 나는 화가 머리끝까지 차올라서 *시민으로서 내가 할 수 있는 게 대체 뭐지?*라는 생각을 멈출 수 없었다.

나는 "비즈니스를 위해 열리다"라는 제목으로, 유타 의회 대표단이 작성한 이 법안이 얼마나 부적절한지를 개괄하는 내용의 〈뉴욕타임스〉 칼럼 원고를 작성했다. 1995년 유타공유지관리법은 이제까지 보호되던 토지를 석유와 가스 개발에 개방함으로써 1964년의 야생보호법을 침해했다.

7월, 워싱턴 D.C. 에너지천연자원상원위원회에서 특별 청문회가 열렸다. 상원의원인 해치와 밥 베넷 모두가 그 법안을 옹호하는 증언을 했다. 이번에도 패널이 셋이었다. 이번에도 보존 패널이 맨 마지막이었다. 그리고 역시 이번에도 나는 다른 세 명의 유타 주민들과 함께 달랑 180만 에이커를 옹호하는 해치-베넷 법안이 아니라, 이미 의회에 제출된 미국 붉은암석 야생보호법의 일부인, 570만 에이커를 보호하자는 시민의 제안을 지지하는 증언을 했다.

산업계의 패널은 유타농업국에서부터 석유회사와 가스회사에 걸친 대표자들에게서 받은 증언을 마무리했다. 보존위원회는 그다음이었다. 자이언국립공원으로 가는 관문인 유타 스프링데일의 시장 필립 빔스타인이 첫 연사였다. 그에게 할당된 5분짜리 증언에서 2분이 지났을 때 위원회 의장이자 아이다호의 공화당 상원의원인 래리 크레이그가 자리에서 일어나 "이건 당신 순서요, 햇필드 상원의원" 하고 거칠게 말하더니 나가 버렸다. 마크 햇필드는 오리건의 임기 말 의원이었다. 이 "자갈 교체 작업"이 진행되는 동안 필립은 증언을 중단해야 했고, 소란이 끝나자 햇필드 상원의원은 이 작은 마을의 시장을 바라보며 말했다. "당신 시간은 끝났어요. 다음 사람!"

무례하고 막되 먹은 걸 넘어 민주적 절차에 대한 모독이었다. 남은 청문회에서 햇필드 상원의원은 우리가 증언하는 동안 책을 읽었다. 기본적으로 우리는 벽에 대고 말하는 격이었다. 그나마 우리 증언이 의회 기록에 남게 되었다는 것이 위안이라면 위안이었다.

우리는 전의와 용기를 상실한 채 이 나라의 수도를 떠났다. "이게 다 무슨 소용이냐?"고 묻지 않기가 힘들었다.

집에 돌아온 나는 동료 작가 스티븐 트림블을 만나 커피를 마셨다. 우리는 야생 논쟁에 대해, 의회에서 벌어졌던 일에 대해 이야기했다.

"어쩌면 의회는 하나의 목소리는 듣지 못하는지 몰라." 내가 말했다. "하지만 목소리들의 집합은 들을 수 있을지 모르지." 우리는 유타의 야생을 기리는 소책자를 만드는 일을 놓고 이야기를 하던 중이었다.

"지금이 그때가 아닌가 싶어." 스티븐이 말했다.

우리는 친구들에게 간절한 편지를 보냈다. "당신의 도움이 필요합니다"로 시작하는 이 편지는 이렇게 이어졌다. "유타의 붉은암석 야생이 위기에 처해 있습니다. 우리가 맞서고 있는 정치 상황은 이렇습니다. (……) 저희는 당신이 유타의 황야를 사랑한다는 걸 알아요. 당신에게 이제껏 써 본 중에 가장 웅변적이고 아름다운 에세이나 시를 써 주십사 정중히 부탁드립니다. 원고료를 드리지는 못하며, 3주 내에 당신의 에세이가 필요합니다." 우리는 이 편지를 미국의 붉은암석 야생을 몸소 겪어 체득한 25명의 서부 지역 작가들에게 보냈다.

언어와 경관에 전념하는 작가 집단에서 3주 만에 20편의 작품이 도착하는 기적이 일어났다. 모든 에세이는 우리가 읽어 본 그 어떤 글보다도 심금을 울렸다.

글을 보내 준 작가 중에는 존 맥피John McPhee, 배리 로페즈Barry Lopez, 빌 키트리지Bill Kittredge, 스콧 모마데이Scott Momaday, 앤 즈윙어Ann Zwinger, 리처드 셜튼Richard Shelton, 그리고 미국의 국민 시인 마크 스트랜드Mark Strand가 있었다. 모두 미국 문학계에서 힘 있는 목소리를 가진 문인들이었다. 전직 유타주 국회의원이었던 카렌 쉐퍼드도 원고를 보냈다. 찰스 윌킨슨도 자신의 물 관련 법률 지식을 기여했다. 그해 100살에 접어들고 있던 마디 뮤리는 야생 일반에 대한 그녀의 작품 한 편을 출판하도록 허락해 주었다. 연령 스펙트럼의 반대편에는 당시 38살이던 릭 바스Rick Bass가 있었다. 그는 몬태나 야크 출신의 박력 있는 작가이자 야생 지지자였다. 우리는 저명한 역사가이자 유타를 사랑하는 T.H. 왓킨스T.H.Watkins에게 서문을 써 줄 수 있겠는지 물었고, 그는 그렇게 했다.

우리는 디자이너를 물색했고, 이번에도 친구 가운데 트렌트 앨비가 고맙게도 이 작업을 무료로 해 주겠다며 나섰다. 유타주에서 야생보존운동의 든든한 지원자인 아넷과 이안 커밍이 후원하는 지역 재단에서 6천 달러를 받았다. 이 돈으로 소책자 1,000부의 인쇄비를 지불했다.

아이디어를 가장 강력하게 펼쳐 보인다고 느껴지는 순서대로 에세이들을 배열했다. 작업을 서둘러야 했다. 우리는 참여 작가들의 지위를 보여 주는 데 인물 소개가 중요하다는 것을 알았다. 연대 정신과 깊이를 추가하기 위해 모든 작가들로부터 서명을 받고 싶었다. 작가들이 우리에게 서명을 팩스로 보내는 일대 소동이 한바탕 휩쓸고 지나간 뒤, 이 서명을 디자인에 넣어서 책에 위엄과 존재감을 더할 수 있었다.

우리는 〈미국의 붉은암석 야생에 대한 시민의 제안서〉에 제안된 모든 야생보호구역의 목록과 지도를 넣었다. 2주 뒤 책이 완성되었다. 우리는 이 선집의 제목을 《증언: 서부의 작가들이 유타의 야생을 대신해 말하다》라고 붙였다.

훌륭한 작품은 절망 앞에서 버팀목이 되어 준다.

남부유타야생동맹이라고 하는 영리하고 투쟁적인 풀뿌리운동 조직이 모든 국회의원의 손에 《증언》이 놓이도록 우리를 도와주었다. 이것이 협력의 힘, 하나의 집단이 또 다른 집단을 지원하고 조력하는 힘이다.

9월 중순 우리는 워싱턴 D.C.에 있는 국회의사당 옆 트라이앵글에서 기자회견을 열었다. 역사학자 왓킨슨은 발언에서 1950년대에 다이너소어국가기념물에 있는 그린리버의 댐 건설을 중단시키기 위해 글을 모아서 엮은 월리스 스테그너의 《이것이 공룡이다》와 일맥상통하는 정치적 맥락 속에 이 선집을 위치시켰다. 미국 붉은암석 야생보호법의 공동 제안자인 국회의원 모리스 힌치와 브루스 벤토도 참석했다. 이들은 《증언》을 미국 작가들이 의회 안으로 들고 온 문학 형태의 법안이라고 인정하면서 몇 부를 공개적으로 받았다. 이들은 여기에 실린 말들을 동료들에게 전달하겠노라 약속했다. 그들은 모든 미국인의 영적 생득권으로서의 야생에 대해 구변 좋은 연설을 했다. 상원의원 러스 페인골드 역시 참석해서 《증언》을 상원 회의장으로 가져가서 1995년 유타공유지관리법을 무찌르겠노라 약속했다.

기자회견이 끝나고 나서 〈워싱턴포스트〉의 한 기자가 스티븐과 내게 다가왔다.

"이런 시간 낭비라니!" 그가 말했다. "얼마나 많은 서류가 의회에 전달되는지 알기나 해요? 당신들, 참 순진해 빠졌네요. 이건 빛도 제대로 못 볼 거예요."

나는 어이가 없어서 열띤 선의의 논쟁을 벌일 준비를 했다. 스티븐은 나보다 차분한 마음의 소유자였다. 그는 기자에게 말했다. "글쓰기는 언제나 신앙 행위이지요."

《증언》은 정말로 의회 곳곳으로 전달되었다. 나는 직접 클린턴 여사에게 한 부 전달했고 여사는 대통령에게 《증언》을 건네주겠다고 약속했다.

우리는 고어 부통령과 클린턴 행정부의 핵심 성원들의 손에 책을 쥐여 주었다.

1996년 3월, 1995년의 유타공유지관리법이 결국 상원 회의실에 들어섰다. 상원은 필리버스터에 들어갔다. 필리버스터에 필요한 것은 말이다. 뉴저지의 빌 브래들리 상원의원이 일어섰다. "해치 의원님, 그리고 베넷 의원님, 송구하지만 이 황야는 유타 거주민만이 아니라 모든 미국인의 것입니다. 저는 제 선거구민 중 한 명인 존 맥피의 글 〈유역, 산맥, 유역, 산맥……〉을 읽고 싶습니다." 그리고 브래들리 상원의원은 존 맥피의 에세이 전문을 읽었다. 브래들리 의원 다음에는 다른 의원들이 《증언》을 낭독했다. 필리버스터가 진행되는 동안 사암 뷰트와 메사(꼭대기는 평평하고 주위가 벼랑으로 된 탁자 모양의 지형)를 찬미하는 에세이가 하나하나 낭독되면서 상원 의원실 안을 시간과 공간으로 가득 채웠다. 1995년의 유타공유지관리법은 상원회의장에서 명이 끊어졌다.

《증언》은 이제 〈의회 기록Congressional Record〉의 일부이다.

6개월 뒤인 1996년 9월 18일, 윌리엄 제퍼슨 클린턴 대통령이 200만 에이커에 달하는 유타의 야생을 보호하는 새로운 그랜드스테어케이스-에스칼란테 국가기념물을 지정했다. 환경 공동체는 굳건했고, 정치 분위기는 대선으로 한껏 달아올라 있었다. 나중에 클린턴 대통령은 《증언》을 한 권 들고 "이 작은 책이 차이를 만들었다"고 말했다.

누구도 문학의 가시적인 효과에 대해서 전혀 알지 못하지만, 이 특별한 날에는, 북쪽으로 펼쳐진 콜로라도 평원의 광활한 야생의 땅을 바라보며 목소리들의 향연이 빚어낸 집단적인 힘을 믿을 수 있었다.

행사장에서 차를 몰고 돌아오면서 나는 하늘을 머리에 이고 하늘색 컨버터블에 탄 델마와 루이스의 자매가 된 듯한 기분이 들었다. 도망자도 아니고, 절벽을 향해 차를 몰고 가겠다는 선택을 하지도 않은 채로, 야생으로 남아 있는 거대하고 탁 트인 전원에서 마음껏 움직이고 있었다. 민주주의는 우리에게 있는 힘껏 발언하고 행동할 것을 요구한다. 우리의 관점이 장기적이고, 우리가 집이라고 부르는 장소를 중심으로 사랑을 품고 둘러앉은 친구들에게 초점을 맞출 경우 우리는 세상을 바꿀 수 있다.

10여 년 뒤에도 미국의 붉은암석 야생보호법은 계속해서 국회에 법안으로 제출되고, 이제는 유타에서 920만 에이커의 야생 지역을 보호하겠다는 내용을 담고 있다. 우리의 목소리는 아직도 가장자리에서 노래하고 있다.

41

내가 감옥에 있는 것은 면허 정지 기간 동안 과속으로 차를 몰았기 때문이다.

내가 감옥에 있는 것은 벌금을 지불할 돈이 없었기 때문이다.

내가 감옥에 있는 것은 하룻밤은 그렇게 나쁘지 않을 수 있기 때문이다.

내가 감옥에 있는 것은 내 일부가 나는 그래도 싸다고 생각하기 때문이다.

[내부]

세 세트의 문이 내 뒤에서 열렸다가 닫힌 뒤 완전히 잠긴다. 나는 여자 수감자 동으로 들어간다. 거기에는 나 같은 수감자 12명이 오렌지색 옷을 입고 있다. 철제 이층 침대 일곱 개가 들어찬 비좁은 방이다. 화장실, 싱크대, 샤워 공간이 하나씩, 아래 부착된 의자가 바깥으로 젖혀지는 고정식 테이블이 네 개. 벽은 창문이 없이 형광등만 환한, 흰색으로 칠해진 콘크리트 블록이다. 바닥은 반짝이는 사각의 리놀륨으로 덮여 있다.

여자들은 어리다. 수십 년 차이로 내가 나이가 가장 많다. 이들은 창백하고 부어 있다. 몇몇은 자고 있다. 몇몇은 자기 침대에 누워서 웅크린 자세로 벽을 바라보고 있다. 몇몇은 머리를 빗고 있다. 몇몇은 탐폰을 가지고 담배 피우는 흉내를 내고 있다. 아무도 말하지 않고, 나도 하지 않는다.

보안관보가 내 침대로 걸어오고, 나는 내 플라스틱 통을 그 아래 놓으라는 지시를 받는다. 통 안에는 밥그릇, 플라스틱 컵, 빗, 오렌지색 양말 한 켤레, 칫솔, 치약, 줄 친 종이 네 장, 그리고 문구 브랜드 빅 펜 안에 있는 것 같은 파란 잉크가 담긴 가느다란 플라스틱 원통형 용기가 들어 있다.

한 명 한 명 나는 여자들의 판결을 듣는다. 위조죄, 아동학대, 메타암페타민 제조와 판매, 사기.

나는 사기에 대한 판결을 이해한다. 나는 결코 집일 수 없는 장소에 대해 쓰는 작가이다. 그것은 시간, 정직하게 둘러보는 시간에 관한 문제다. 이기적. 자기 몰두. 과체중. 과잉 정성. 브룩도 나도 내 벌금을 낼 2천 달러가 없었다. 빚을 내다. 부인하다. 어쨌든 부서진 것을 위해, 나와 내 가족의 관계를 확인하는 시간. 지속 가능하지 않은 생활양식에 대한 나의 중독을 인식하는 시간. 나는 내 인생을 바꿀 때라는 말을 나 자신에게 몇 번이나 했던가?

감옥에 있는 여자의 목소리는 어떤 음을 가지고 있을까? "씹할 이것…… 씹할 저것… 씹할 그것." 두 여자가 욕하는 여자보다 더 추한 건 없다는 이야기를 한다.

"씹은 정말 추한 단어예요. 언어를 깨끗하게 정화할 필요가 있어요. 자신에 대해서 더 나은 기분을 느낄 거예요." 그들이 고개를 돌려 나를 바라본다.

"난 만날 입에 달고 사는데."

"그런 사람처럼 보이지 않아요."

"난 그런 사람이에요."

나는 아이다호 카리부카운티교도소에서 복역 중인 다른 여자들과 함께 복역했던 여자이다. 안에서 오렌지색 옷을 입고 있으면 모두가 똑같아 보인다. 누구든 정의의 틈새로 추락할 수 있다. 누구도 면제받지 못한다. 하지만 내일 법정 심리에 출석할 때 내 손목에, 허리에, 발목에 사슬이 채워진다 해도 재판일이 정해지고 나면 자유롭게 떠날 수 있다는 사실 역시 알고 있다. 별로 숭고하지 않은 이유로 수감된 나의 복역 기간은 하룻낮, 하룻밤, 하룻낮이다. 이 여자들 대부분은 한번 시스템 안에 들어오면 빠져나가기가 힘들다는 사실을 뇌리에 새기며, 몇 주, 몇 달, 몇 년을 머물 것이다. 출생이든, 운이든, 운명이든, 공정한 것은 없다.

밤이 되자 여자들은 대부분 잠이 들고, 나는 감옥에서 아이를 낳고서 사람들이 아들을 데려가기 전에 한 번 안아 볼 기회조차 허락받지 못한 한 어머니의 울부짖음을 듣는다. 그이는 아기가 젖을 먹으면서 손가락을 꼭 쥐는 상상을 하며 하루에도 몇 번씩 검지손가락을 오므린다.

"울어도 괜찮아." 한 여자가 그이에게 속삭인다. "나도 울 수 있으면 좋겠어."

꺾인 날개. 새장에 든 새. 여기서 유일한 자유는 진실을 말할 자유뿐이다. 심판 같은 것은 없다. 이미 내려졌으므로. 우리를 안으로 밀어 넣은 것은 밖에서 내려진 심판이다. 그래서 우리는 거짓이든 참이든 이야기를 나눈다. 누가 신경이

나 쓸까?

우리가 가진 것은 시간뿐이다.

우리에게 주어진 것은 기다리라는 선고. 사각 등 다섯 개가 내가 앉아 있는 자리 건너편의 흰 벽에 나타났다. 이제 그 사각형들이 천장으로 향하는 사다리처럼 올라간다. 나는 탈출의 꿈이 이런 식으로 시작되는 건가 생각한다.

[외부]

연대의 의미로 오렌지색 옷을 입은 브룩이 밖에서 나를 기다리고 있다. 그가 나를 포옹한다. 나는 풀어진다. 차를 몰고 집으로 가면서 우리는 와이오밍주의 프리덤을 지나친다. 나는 창밖의 가을 잎을 응시한다. "내가 제일 좋아하는 색이 빨강이랑 노랑인데 왜 나는 오렌지색이 그렇게 싫을까요?" 안에서 한 여자가 내게 물었다. 나는 아무런 대답을 하지 못했다.

42

당신은 동시에 내부와 외부에 있을 수 있나?

나는 내가 이런 장소에서 산다고 생각한다.

나는 대부분의 여자들이 이런 장소에서 산다고 생각한다.

나는 작가들이 이런 장소에서 산다는 것을 알고 있다.

안에서는 글을 쓴다. 밖에서는 이삭을 줍는다.

루스의 책을 다시 뒤적이고 싶다. 모아브 사람인 루스는 남편과 사별하고 난 뒤 자신의 고향땅을 떠나 홀몸인 이스라엘인 시어머니와 함께 베들레헴에 있는 시어머니의 고향으로 가기로 한다.

"어머니가 어디로 가든 저는 갈 거예요." 루스가 말한다. "그리고 어머니가 어디에 묵든 저도 묵을 거예요. 어머니의 민족은 나의 민족이, 어머니의 하나님은 나의 하나님이 될 거예요. 어머니가 죽는 장소에서 저는 죽을 거예요. 그리고 거기에 저는 묻힐 거예요……."

루스의 목소리와 맹세는 신실한 사랑의 실천을, 히브리 단어 hesed가 자애롭다며 칭송하는 것을, 유대인의 신앙에서 핵심적인 미덕을 상징한다. 이제 이스라엘에 살게 된 루스는 아웃사이더로서 나오미에게 말한다. "눈빛에서 호의가 느껴지는 사람 뒤에서 들판의 남은 곡물을 주울 수 있게 해 주세요."

루스는 두 여자가 양분을 섭취할 수 있도록 고랑에서 보리 추수 후 남은 것을 찾으며 이삭 줍는 사람이 된다. 보아즈라는 이름의 밭주인은 나오미의 친척이다. 그는 루스의 겸손한 아름다움을 알아차리고 일꾼들에게 루스를 위해 더 많은 곡물을 남겨 두라고 지시한다. 시간이 흐르고 그들은 만난다. 결혼한다. 루스는 오벳이라는 이름의 사내아이를 낳고, 아이는 두 여자 모두에게서 보살핌을 받는다. 오벳은 이스라엘 다윗왕의 할아버지가 된다.

루스의 책은 여자들 간의 충직한 유대를 존중한다. 서로를 돌보는 행위는 사랑의 수확물을 거둔다. 루스의 공감과 노역은 진정한 권력을 낳는다. 홀로 사는 시어머니에게 연민을 느끼는 아웃사이더가 성스러운 아이이자 구원자 예수 그리스도의 조상이 된, 이스라엘의 가장 자애로운 왕의 여자 선조가 된다.

우리는 다른 여자들의 이야기에서 무엇을 수확할 것인가?

나는 어머니의 일기장이라는 고랑에서 무엇을 줍고 있는가?

나는 남겨진, 간과된, 버려진 세부 사항을 찾아 헤맨다.

거기에 있는 것과 거기에 없는 것을 찾아내기 위해 어머니가 죽기 전에, 그리고 그 뒤에 내게 건넨 이 이야기 속 모든 것을 이용하고, 그다음에는 곡물에서 겉껍질을 벗겨 내 본질적인 것을 음미할 것이다.

어머니는 살아 있을 때도, 죽어 있을 때도, 자신의 목소리를 억누름으로써 내게 목소리를 주었다. 어머니의 창조력은 어머니의 집 안에서 주인이 되었다. 어머니는 대체로 조용하고 우아한 제스처를 통해 말했다. 편지 한 통. 밥 한 끼. 함께하는 산책. 어머니의 어루만짐. 어머니는 사적이고 품격 있는 평원에서 살았다.

반면, 미미는 자신의 목소리를 분명히 드러냄으로써 내게 목소리를 주었다. 직접적으로, 정직하게, 그리고 때때로 충격적으로. 브룩과 내가 결혼하려고 한다고 미미에게 말하러 갔을 때 미미는 이렇게 말했다. "정말 멋지구나! 그리고 잘 안 풀리면 언제든 이혼하면 돼."

하지만 나는 나 자신의 목소리는 내가 존재하는 장소면 어디든, 한순간 한순간 내가 내 심장에 화답하고 있는 장소면 어디든 꾸준히 발견된다고 믿는다. 나의 목소리는 불확실성의 들판에서 태어나고 또 태어난다.

43

사랑은 내가 내 목소리를 찾아내는 곳이자 잃어버리는 곳이다. 나는 내 안에서, 미치광이이면서 어리석고, 충동에 사로잡히고 광기 어린 연인의 손아귀에서, 내 자아가 사라져 버린 장소를 감지할 수 있다. 나는 송로를 찾아 어지러운 토양을 헤집는 멧돼지가 되었다.

사랑은 경이롭고 풍요롭지만, 가끔씩만 발견되는 송로였다.

사랑이 깃들면 혀는, 눈에 보이지 않는 잉크처럼 글자가 사라지는 반짝이는 서체로 피부에 젖은 단어를 써 내려가고, 오직 감각만을 남긴다.

> 가장 아름다운 단어들은 적을 수 없다, 불행하게도. 다행스럽게도. 우리는 자신의 눈으로, 야생의 눈으로, 자신의 눈에 어린 눈물로, 시선의 광포함으로, 손의 피부로 적어야 할 것이다.

그래서……

사랑이 깃들면, 나는 속삭인다.
사랑이 깃들면, 나는 울부짖는다.
사랑이 깃들면, 나는 비명을 지른다.

사랑이 깃들면, 나는 호흡한다-우리는 함께 호흡한다. 우리는 정지된 채, 침묵을 유지한다.

내게는 사랑이 예술의 문제였던 날들.

하지만 사랑이 깃들 때, 나는 몰아세우기도, 말할 수 없는 것을 말하기도, 내 입으로 살인을 시도하기도 한다. 더할 나위 없이 분노에 찬 이런 순간에 나는 복수의 예술로 앞에 있는 이에게 복수한다. 사랑은 굴욕이다. 나는 보복한다. 당신이 흉금을 터놓을 수 없다면 나는 당신이 필사적으로 도망치게 만들 것이다. 나는 당신을 원한다. 당신이 사라지기를 원한다. 당신이 여기 있기를 원한다. 당신이 아주 멀리 있기를 원한다.

> 이게 내가 당신에게 원하는 바다. 더 크고 더 작기를 더 강하고 더 약하기를 더 높고 더 많이 떨기를, 더 숨이 가쁘기를 나보다 더 타오르고 더 정곡을 찌르고 더 대담하고 더 오만하고 더 유연하고 더 두려워하고 더 편협하기를 그리고 더 가차 없기를. 당신이 나보다 더.

욕망은 몸을 통해 말한다. 우리가 하룻낮과 밤을 지나 새벽까지 사랑을 나눌 때 욕망의 눈은 나에게 붙박였다. 습도가 높고, 유일한 소리는 달콤한 마찰과 우아한 기교로 피부가 땀과 함께 앞뒤로 밀리면서 울음을 터뜨리듯 계속되는 탄

식뿐이던 새벽.

그것은 "연인의 담화"이다. *내가 내 언어를 가지고 숨기는 것을, 나의 몸이 토해 낸다.* 필요. 묵인. 우리뿐. 헤아릴 수 없는 그 둘. 사랑을 광기로 이해하기. 무엇이 이루어질 수 있나? 우리는 끝났다. 이런!

> 그 여자가 결코 말하지 않았을 모든 것(정확히는 인정된 한계를 존중하고, 좋은 취향을 거역하지 않으려 신경 쓰는 그의 배려 때문에), 사랑은 그것을 이야기했다―천박하게, 망설임 없이, 하찮게, 말줄임표의 형태로. 사랑이 말했다. "………"

하지만 그는 입구에 남았다.
사랑 안에 있는 모든 게 사랑은 아니므로.
사랑 안에서 모든 게 사랑인 것은 아니므로.

내 언어 멘토 엘렌 식수에게, 그이의 언어는 나의 언어이자 "고마워요, 맞아요, 정확해요"라고 말하는 나의 고백이다.

"당신이 나를 망쳐 놓았어." 그 남자가 말했다.
"우리가 서로를 망쳐 놓은 거지." 그 여자가 말했다.

> 우리의 드라마는 우리가 상호 침입 상태에서 살아간다는 것이다.

하지만 나는 자신의 의무는 망각하지 않는 것이라고 생각하는 여자일 뿐이다.

난 한 여자에게서 왔다.

여자들은 만족을 모른다.

나는? 나는 술을 마시고, 타오르고, 꿈을 갈무리한다. 그리고 때때로 이야기를 털어놓는다.

44

어머니의 일기는 사랑 이야기이다. 사랑과 권력. 어머니가 건네준 것도, 어머니가 내주지 않은 것도 어머니가 선택한 어머니의 것이다. 사랑은 권력이다. 권력은 사랑이 아니다. 둘 다 잔인할 수 있다. 둘 다 통제와 함께 춤을 춘다. 둘 다 우리를 도취시켜 통제 불능 상태로 만들 수 있다. 하지만 결국 끝까지 남아서 우리에게 선택의 결과를 보여 주는 것은 권력이 아닌 사랑이다. 어머니는 자신의 지면, 텅 빈 지면을 받을 사람으로 나를 선택했다. 어머니는 내게 자신의 "침묵의 지도 작성법"을 남겼다. 나는 어머니의 이야기를 결코 알아낼 수 없을 것이다. 나에게 아무 말도 하지 않음으로써 무슨 말을 하고자 했는지 절대 알지 못할 것이다.

하지만 상상할 수는 있다.

이것이야말로 사랑과 권력의 아름다운 진실이지 않은가?

"내 상처의 대부분은 고정관념에서 비롯된다." 이 말은 나의 말이 아니다. 나는 표절을 한다. 나는 이 문장을 누가 썼는지 당신에게 말하지 않을 것이다. 외려 나는 그것이 내 것이라고 주장할 것이다. 내가 속속들이 그것 안에 깃들어 있으므로. 그래서 그 문장은 나 외의 그 누구도 쓸 수 없으므로.

우리는 빌린다. 훔친다. 필요한 것을 구입하고 필요하지 않은 것을 산다. 우리는 물건을, 사람을, 장소를, 이 모든 것을 우리 자신을 잃어 가는 과정에서 얻는다. 바쁘게 사는 것은 우리 삶에 중요한 것들을 놓치고 있다는 뜻이다. 나는 너무 바빠서 당신과 얘기할 시간이 없다.

나는 하고 싶은 것을 할 수 없다. 해야 하는 것을 하고 있으므로. 나는 실제이고 진실이고 단단한 것에서 영원히 떨어져 살아야 하는 걸까?

말에 관한 한, 우리는 진실하고 연습을 거치지 않는, 자신의 목소리를 사용하는 대신 다른 누군가의 목소리를 훔쳐서 자신의 두려움을 가린다. 그리고 내 어머니의 경우, 내가 공백을 메우게 했다. 이것은 나의 유산이다.

나는 나의 어머니이지만, 어머니가 아니다.
나는 나의 할머니이지만, 할머니가 아니다.
나는 나의 증조할머니이지만, 증조할머니가 아니다.

패턴화된 행위가 그늘과 빛처럼 엇갈린다. 사랑의 고통은 우리가 그것이 파괴적임을 알아차릴 때까지 반복되는 패턴이다. "*어떤 종류의 위기를 겪지 않고서는 누구도 이 방 안에서 살지 못한다. 벽의 백색을 대면하지 않고서는 누구도 이 방 안에서 살지 못한다.*" 우리는 자신의 조건을 바꾸고 진화시키고 변형할 수 있다. 우리는 찰흙처럼 모양이 잡히기보다는 물처럼 움직이기를 선택할 수 있다. 생명은 주어진 아무 날에나 소용돌이치며 들어오고 다시 소용돌이치며 빠져나간다. 그것은 한 방향, 하나의 진실, 하나의 목소리일 필요가 없다. 사랑은 전부 아니면 전무일 필요가 없다. 권력도 그렇다. 긍정적인 것과 부정적인 것은 절대적이지 않다.

"그냥 내버려 두렴."

어머니는 내가 계속해야 할지 아니면 포기해야 할지 물어볼 때마다 말하곤 했다. 어머니의 대답은 항상 똑같았다.

빈 지면은 가능성이 된다.

45

누슈의 서체를 보는 일은 새의 발자국, 까마귀가 좁은 눈길을 신중하게 걸어가는 모습을 보는 것 같다. 그것은 선처럼 가늘고 긴 모양의 우아한 서체로, 중국의 전통적인 각진 글씨들과는 아주 다르다. 이것은 수백 년 동안 중국 후난성 장융현 시골 마을에서 사용되던 여성들의 은밀한 서체다.

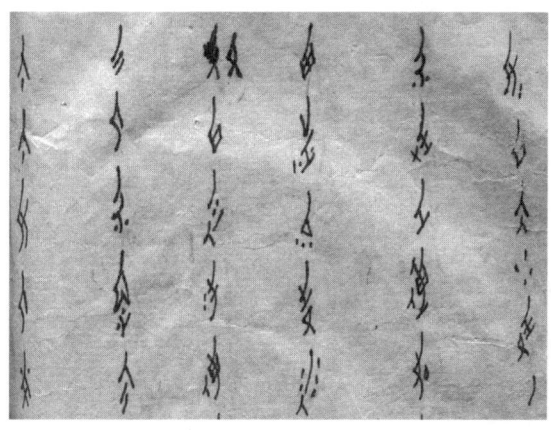

이 고대 서체에는 새를 숭배한 여성들의 사회에 속한다고 전해지는, 기원전 1600~1100년 상(商) 왕조의 갑골문자로 거슬러 올라가는 계보학이 있다. 새 머리의 상징은 여성의 머리를 의미하는 글자이다. 여성과 새는 다산, 지속성, 지혜를 주관하는 땅의 여신의 원형, 뼈와 거북의 등딱지에 조각된, 모양이나 형태를 바꿀 수 있는 새김글자였다.

누슈는 문맹 여성, 20세기까지도 학교에 가도 된다는 허락을 받지 못한 여성들의 언어 속에서 씨가 맺혔다. 이 속삭이는 글들은 어머니로부터 딸에게, 그리고 가장 가까운 친구들인 "의자매들sworn sisters"에게 전달되고, 조심스럽게 지켜지면서, 부채의 접힌 면에 적히고, 손수건에 수로 놓아지거나 이들의 전족을 동여맨 헝겊 안에 신중하게 적혔다.

마지막 누슈 사용자 중 한 명인 양 후아니Yang Huanyi는 1909년에 태어났다. 그는 누슈가 어떻게 여성들이 남성 언어 밖에서 스스로에게 말을 걸 수 있는 방편이 되었는지를 설명했다. 마을 여자들은 누슈로 적어서 손으로 제본한 책을 만들고 이 책을 한 여자에게서 다음 여자에게 선물로 전달하곤 했다. 이 책들은 대부분 자전적이었다. 어떨 땐 단순했고, 어떨 땐 심오했다. 책을 쓴 여자가 죽으면 망자와 가장 가까웠던 여자들이 저세상에 그와 동행할 공물로, 말과 영혼의 결합물인 책을 불사르곤 했다.

> 우물 옆에서는 목마르지 않으리라. 자매 옆에서는 절망하지 않으리라.

"산자오슈" 또는 "사흘의 편지"라고 알려진 특별한 책 역시 어머니가 작성해서 결혼식 날 딸에게 건네졌다. 어머니들은 신혼부부의 결합을 사랑을 담아 축하하지만 동시에 딸과의 이별을 애달파했다. 신부의 인생에서 다른 여자들은 자신들의 지혜를 결혼 선물에 보탰다. 신부가 자신의 서체로 자기만의 생각을 담을 수 있도록 빈 지면을 남겨 두었다. 이 책은 명예롭고 값진 증거, 장용 여성들 사이에서 암호로 적힌 또 다른 밀서가 되었다.

어머니의 일기는 암호로 적혀 있다.

누슈는 1981년 외부의 언어학자들에게 재발견되었다. 캐시 실버는 여성들의 서체에 대해 보편적인 질문을 던진다. "누가 쓰고, 무엇을 쓰고, 누가 그것을 읽고, 누가 신경 쓰는가?"

일본은 1940년대에 중국을 통치하던 중 누슈가 자신들에게 적대적인 암호로 사용될지 모른다는 두려움으로 누슈를 탄압했다. 중국 홍위병 역시 문화대혁명 기간 동안 비슷한 우려를 품었다.

오늘날, 누슈로 적힌 원본 텍스트는 불태워지거나 유실되거나 판매되어 극도로 희귀하다. 양 후아니는 2004년 9월 20일에 세상을 떠났고, 누슈 글씨 1500개의 살아 있는 맥락이 그와 함께 사라졌다.

여자들은 자신을 지키기 위한 방편으로 항상 암호로 글을 써 왔다. 누슈는 "적절한 여성의 활동"이었고, 내부에 있는 사고의 방들이 외부에 있는 행동의 방으로 넘어갈 때만 위협의 성격을 띠는 서체였다. 엘렌 식수는 말한다. "우리를 교정할 사람이 아무도 없을 때 우리는 여자들이 내뱉는 언어를 사용하는 법을 배워야 한다."

46

1975년 6월 1일,
사랑하는 테리에게

　내일 브룩과 함께하는 네 삶의 첫날이
시작되겠지. 항상 흥미 있고 활력 있고 재미난
삶을 살도록 하렴. 여자는 실제로 결혼 생활에서
전기(電氣) 같은 힘을 가진 존재가 될 수도 있지만
그러려면 엄청난 사심 없는 사랑이 필요하단다.
나는 여자들이 내어 주고 내어 주고 또 내어
주는 성격으로 만들어진 존재인 것은 하나님의
뜻이라고, 그리고 우리가 사랑하는 남자들에게
내어 줄 때에만 영광 속에 있게 되는 거라고
믿는단다.
　남자들은 너무 취약해. 그래서 "보금자리"를
평화롭고 아름답고 삶과 조화롭게 유지하는 건
아내의 몫이 되어 버리곤 하지. 혼탁한 세상에서
동떨어진 곳으로 말이다.
　나는 너와 브룩의 관계가 항상 너에게 숙제
같은 것이기를 기도한다. 서로를 소진하지 말고
서로에게 찬사를 건네는 걸 잊지 말아라.
　고맙다, 테리. 우리 집에 이렇게 사랑스러운

기운을 불어넣어 줘서 말이야. 너의 어머니가 될 기회를 얻다니 난 정말 축복받은 기분이야. 정말 아름다운 관계였지. 처음에는 엄마와 딸로, 사랑하는 친구로, 그리고 이제는 각자의 남편을 아주 많이 사랑하는 두 여자로. 너는 내 인생에 형용할 수 없는 입체감을 선사했어. 너에 대한 나의 가장 깊은 소망은 너에게 아들이나 딸이 있어서 우리처럼 완벽한 나눔에서 비롯되는 기쁨을 경험하는 거란다.

네가 이 집을 떠난다는 기분이 정말로 들지는 않는구나. 집에 또 다른 아름다운 사람을 들이는 축복을 받는 기분이야.

내일 템플로 이 선물을 가져가렴. 네가 그걸 지니고 있을 때는 온 가족의 사랑을 지니는 거라는 걸 기억하렴. 우리 모두 너를 아주 많이 사랑한단다.

이 신성한 날이 너와 브룩에게 영원한 축복이 되기를.

엄마가.

봉투 겉면에는 어머니가 "나의 특별한 딸에게, 나의 사랑을 담아"라고 적혀 있었다.

봉투 안에는 레이스로 수가 놓아진 흰 손수건이 있었다.

어머니의 일기는 흰 손수건 모음이다.

   브룩과 내가 결혼한 지 40년이 다 되어 간다. 결혼은 가장 내밀한 풍경에 속한다. 두 동반자가 그들 각자의 개별성과 균형을 유지하고자 한다면 제일 만족시키기 어려운 관계이기도 하다. 당신이라면 서로의 내면에 있는 야생에 대한 휘몰아치는 경의를 가정이라는 제도 안에 어떻게 담아내겠는가?

   "*항상 흥미 있고 활력 있고 재미난 삶을 살도록 하렴.*" 어머니는 구체적인 지침도 없이 숙제를 냈다.

   나는 부모님의 결혼 생활을 지켜보면서 두 분의 힘은 함께 보낸 시간 속에 있다고 믿게 되었다. 길고 짧은 여행, 집 밖에서 보낸 주말들, 서부에서 장거리 운전을 하면서 두 분이 나눈 대화. 두 분에게는 아이들 바깥에 두 분만의 삶이 있었다. 우리는 그걸 알았다.

   브룩과 나의 결혼 생활에서, 나는 우리의 힘은 떨어져서 보낸 시간에 있다고 믿는다.

   릴케가 우리에게 지도를 주었다. "사랑은 이 안에 있다, 두 고독이 서로를 보호하고 어루만지고 반기는 그 안에." 나는 고독이 필요하다. 브룩은 자유가 필요하다. 함께할 때 우리는 전체를 만난다.

   하지만 때로는 그 거리가 너무 멀어지고, 말은 우리가 지냈던 장소를, 그리고 우리가 되어 가는 인격을 공유하고 싶을 때 영혼을 합체하는 데는 도움이 되지 않는다.

   결혼했을 때만큼 외로웠던 적이 없다. 결혼했을 때만큼

더 많이 이해받거나 보호받아 본 적도 없다. 사랑은 그것과 관계가 없다. 결혼은 화강암보다는 사암에 가깝다. 남부 유타의 지형과 비슷하다. 산맥과 협곡과 고원으로 이루어진 지형도. 풍화는 붉은암석 창문과 다리를 창조한다. 아름다움은 시간이 지나면 변모하고 파괴도 피할 수 없다.

경관은 역동적이다. 결혼도 그렇다. 브룩과 나는 꾸준히 변해 왔고, 서로를 변화시켜 왔다. 쓸리고 깎여 나간 것은 남은 것만큼이나 중요하다.

브룩과 나에게 남은 것은 대화, 생각에 대한 우리 공동의 사랑이다. 우리는 서로를 비롯해서 길들여지지 않은 야생의 모든 것을 사랑하기를 한 번도 멈춰 본 적이 없었다. 우리는 서로를 길렀고, 함께 성장했다. 그리고 부부로서 우리는 서로를 낳았다. 우리의 진짜 본성과는 맞지 않는 문화 안에서 연인이자 난민으로서. 20대 시절의 사나운 격렬함은 50대가 되어 아주 다른 불길이 되었다. 지금 일어나는 더 깊고 충만한 불길은 우리가 존중하는, 역사를 간직한 우리 사이의 명예로운 공간 덕분에 강렬하고 경이롭다. 브룩은 지금도 미지의 존재다.

빅서는 우리가 회복을 위해 한 번씩 찾는 곳이다. 콘도르가 앉아 있는 날카로운 모서리, 부서지는 파도, 그리고 온천. 어느 특별한 날 비가 내리고 있었다. 우리는 친구의 작은 게스트용 오두막에서 지내는 중이었다. 초를 켜고, 차를 만들고, 책을 읽었다. 당신이 꿈꿀 법한 평온하고 차분한 하루. 하지만 저녁을 먹고 나니 좀이 쑤셨다. 브룩이 예술프로젝트를 제안했다.

"잡지를 잘라 내자."

내가 웃음을 터뜨렸다.

"난 진지하다고." 브룩이 말했다. "지금 이 순간 우리의 상태를 콜라주로 만들어 보자."

나는 미심쩍어했고, 그게 브룩을 더 신나게 했다.

"생각은 하지 마." 브룩이 말했다. "그냥 자르고 붙이는 거야." 브룩은 우리가 식재료 운반용으로 차에 놔뒀던 마분지 상자를 해체했다. 그는 상자를 둘로 잘랐다. "여기다가."

우리가 밀린 독서를 하려고 들고 온 잡지들은 콜라주 재료로 충분했다. 우리는 바닥에 우리만의 영역을 표시하고 《오프라》, 《오리온》, 《배니티 페어》, 《피플》, 그리고 《뉴요커》의 지난 호들을 잘라 내기 시작했다. 《내셔널지오그래픽》 몇 부가 오두막에 있어서 그것도 슬쩍 재료로 삼았다.

브룩이 와인을 한 잔씩 따랐다. 나는 낮 동안 다 타 버린 초를 갈고 불을 붙였다. 흔들리는 그림자와 빗소리 속에서 우린 작업에 들어갔다.

우리 각자의 시각적인 서사를 만드는 두 시간 동안 나는 자신의 창작물에 몰입한 브룩의 모습을 이따금씩 바라보았고, 내가 특별한 구절을 늘어놓고 있을 때 그는 나와 눈을 마주치곤 했다. 둘 중 누구도 입은 열지 않았다. 그러고 난 뒤 우리는 완성했다.

우리는 서로의 콜라주를, 이미지와 단어를 통한 자아의 지층학을 방문했다. 상대에게 자신의 이야기를 들려주었다.

나는 브룩이 내적으로 어디에서 살고 있는지 아는 바가 없었지만, 뿌리로 만들어진 발과 불이 붙은 팔을 진흙으로 채색한 인물은 내가 알아야 할 모든 것을 말해 주었다. 나는 특히 큰까마귀의 머리가 아주 마음에 들었다.

제이드코브. 샌드달러비치. 빅서.(세 곳 모두 캘리포니아의 해변) 화재 이후 6개월이 지났다. 자연에는 목소리가 있고 그것은 자주 이유 없이 난폭하다. 파도가 부서지고 포말이 내 발목 주위로 모여든다. 여기 내가 찾아낸 미국의 가장자리에는 연속체가 있다.

끊임없이 밀려오는 파도가 먼 아시아의 모래를 만지고 온 청록색 반투명한 물속에서 구른다.

동쪽. 서쪽.

브룩이 스웨터를 한쪽 어깨에 걸치고 나를 향해 해변을 걸어오고 있다. 내가 우리의 결혼 이야기를 글로 남긴다면 나는 그 무엇도 영원하지 않은 이 모래 위에서 쓸 것이다. 종이 위에 물로 글씨를 쓸 때처럼, 내 파도의 책을 쓸 것이다.

조수의-이것이 우리 동반자 관계의 본질이다-밀물, 썰물-빠져나감과 꽉 참은 항상 달과 엮여 있다. 여기, 지금. 바로 오늘 아침 우리는 그 달빛에 잠에서 깨어났다. 가벼운 연주홍빛, 요람처럼 수평선 위에 떠 있는, 한 척의 배.

우리는 자리에서 일어나 들쭉날쭉한 벼랑 뒤에 자리한 오두막 밖으로 나가 산책을 하며 달이 여명에 사라지는 모습을 지켜보았다.

손은, 어루만짐이라고 불리는 몸 위의 파도이다.

사랑을 나누는 일은 파도를 만드는 일-하나의 파도 뒤 또 다른 파도-우리를 망각과 기억, 삶의 의미로부터 멀어졌다가 다시 되돌아가는 큰물 속으로 더 깊이 인도하는 일.

> 이 몸이 파도의 거품임을 아는 자는 (……) 자신의 길을 꾸준히 따라간다.
> ― 법구경

나의 길은 파도의 구현이다.

나의 결혼은 내가 비밀로, 땅에 발붙이기의 근원으로, 손으로 만지작거릴 미스터리로, 주머니에 넣고 다니는 돌이다.

나의 결혼이 비밀이라면, 그것은 내가 말하지 않도록 학습한 비밀을 품을 정도로 충분히 크다. 친밀함의 본질은 이것이다. 신중함.

조금 뒤 브룩과 나는 바위 위에 앉은 날개가 긴 흰 새가 대백로인지 황로인지를 놓고 논쟁한다. 브룩은 황로라고 말한다. 나는 대백로라고 말한다. 나는 내가 맞다는 걸 안다. 브룩은 자기가 맞다고 생각한다. 우리는 오두막으로 돌아가면 피터슨의 《서부 조류 현장 도감》을 찾아볼 것이다. 이것은 결국 우리를 한데 묶어 준 책이다.

47

　내 영혼 안을 가장 멀리 들여다보고 싶을 때 나는 손으로 문장 하나를 쓰고, 그 위에 또 다른 문장을 덮어 쓰고 또 덮어 쓸 것이다. 전체 문단이 한 줄 안에 살게 되고, 누구도 그것을 읽을 수 없다. 그것이 핵심이다. 때로 카페에서 나는 종이 깔개의 양면을 꽉 채울 수도 있다. 비행기를 타면 멀미용 종이봉투가 나의 캔버스다. 뭐든 가능하다. 명함 뒷면, 영수증, 냅킨, 어떤 종류의 쪽지든. 친구는 그게 내 병이라고 말한다. 나는 그걸 나의 고해실이라고 말한다.

　그건 이런 모습이다.

　이런 종류의 글쓰기에 내가 붙인 이름은 레피테이션repetations이다. 내가 별난 건 아니다. 20세기 초의 독일 근대주의자 로베르트 발저Robert Walser는 "미세서체microscripts"로 글을 썼다. 거의 해독 불가능할 정도였다. 그는 글자 높이가 1밀리미터에서 2밀리미터 사이라고 묘사되는 "작디작은 연필 서체"

로 글을 썼다. 발저의 텍스트 가운데 높이 2인치(약 5센티미터), 폭 2와 4분의 3인치짜리 한 문서에는 무려 113개의 단어가 들어 있었다. 그는 연필의 극미한 움직임을 통해 전에 쓰던 펜의 우아함과 언변에서 해방되었다.

수잔 버노프스키는 그의 서체를 일컬어 "줄지어 가는 개미들처럼 작디작은 매 지면을 가로질러 기어가는 강박적인 줄들 (……) 신문 지면에 단조롭게 갓 인쇄된 글 기둥들의 흐릿한 또는 아스라한 모습과 꼭 닮은"이라고 표현했다.

발저의 글들은 "교란의 미학"으로 일컬어진다. 그의 의도는 비밀을 지키는 것이 아니라, 그의 시대에 독일어권 나라에서 유행한, 중세에 뿌리를 둔 미세한 쿠렌트Kurrent 서체를 재현하는 것이었다.

조현병 증세가 있다고 알려진 로베르트 발저는 1929년에 발다우 요양원에 입원했다. 그의 글은 그가 죽을 때까지 병원에서 지내게 만든 여러 진단용 증상으로 사용되었다. 나는 그 작은 글씨가 질병의 육체적 징후 그 이상이 아니었나 싶다. 어쩌면 그가 실험을 할 수 있게 해 준 심미적 선택, 그가 자신의 마음만이 아니라 영혼을 읽을 수 있게 해 준 또 다른 방법은 아니었을지.

"내 펜에서 흘러나오는 언어가 검은 벨벳의 오묘함으로 풍성해질 때까지 나의 단어 하나하나가 신중함의 욕조 안에 깊이 담가지기를. 단 한 음절도 거짓말이 되지 않기를……"

어떤 미세서체에는 "저 고상한 개인을 흔들려는 의지"라는 이름이 붙어 있었다. 지극히 개인적인, 심지어 남들이 알아볼 수 없는 서체로 글을 쓴다면, 우리는 내용에 완벽을 기할 강박에서 해방된다. 공적인 도덕성에서 놓여난다. 우리는 우리의 펜으로, 또는 발저의 경우에는 자신의 연필로 정직한 탐구의 길을 놓을 수 있다.

그는 이렇게 말한다. "내게 이 연필 글쓰기는 엄청난 의미를 가진다. 이 글을 쓴 사람은 펜을 소름 끼치도록 끔찍하게 증오했던 시기를 경험했고, 그가 그걸 얼마나 신물 나 했는지 말로 다 표현할 수 없다. 그는 펜을 가장 적게 사용하는 바로 그 순간 노골적인 천치가 되었다. 그리고 펜을 사용할 때의 불쾌감에서 해방되기 위해 연필로 스케치하고, 낙서하고 끄적거리기 시작했다. 연필의 도움으로 놀기를, 글쓰기를 더 잘할 수 있게 되었다."

펜을 든 내 손이 마구잡이로 떠오르는 생각들의 무성한 하층식생 사이로 길을 내며, 내 정신이라는 장소를 오지 탐험한다. 내 검은 펜이 창조하는 동시에 파괴하면서 크게 한 바퀴 돌 때, 또 다른 문장이 새로 드러난 단어를 가로질러 걸어가며 방금 적힌 것을 가릴 때, 나는 해방된다. 나의 레피테이션은 그려진 그 순간 내게 진실을 말한다. 그러고 난 다음 층층이 쌓인 언어의 행렬에서 길이 만들어진다. 나는 내가 가야 할 곳을 보게 된다. 그 뒤를 한번 좇고 나면 나조차도 해독할 수 없는 이 덧없는 단락들이 재상상의 상형문자들로 바뀐다. 그것들의 의미는 혼동의 행렬 안에 있다. 글쓰기에는 기법이 있고, 그것이 항상 드러냄은 아니다. 기법 자체가 아름답고, 통찰을 자극하고, 사적일 수 있다.

"저 고상한 개인을 흔들려는 의지, 마치 그가 고립되어 초조해하는 잎들만 듬성듬성 매단 나무라도 되는 양 그를 불안하게 만들려는 의지가 내 안에서 소요를 일으키는 듯하다."

나를 알쏭달쏭한 서체의 경로에 들어서게 만드는 것은 바로 이 초조함이다. 나는 종종 나의 레피테이션들을 갈가리 찢어서 종잇조각들을 정원에 흩뿌린다. 어머니가 알았더라면 좋았을 텐데. 내가 어머니의 딸이라기보다 자매였음을.

48

문이 열렸다. 나는 눈을 실내에 적응시켰다. 안에서는 동정녀가 자신의 기적적인 수태 소식을 접하고 있다. 그의 손이 자신의 심장을 보호하고 있다. 대천사 가브리엘이 백합 선물과 함께 그 앞에 무릎을 꿇었다. 정원에서 수확한 분홍 장미 다발이 제단을 장식했다. 나는 오랫동안 나무 의자에 앉아 있었다. 단테가 방문했다고 전해지는, 돈니니로 가는 길 위의 이 작은 이탈리아 교회 안에는 아무도 없었다. 기를란다요(이탈리아 초기 르네상스 화가)가 그린 인물들뿐이었다.

나는 고해실에 무릎을 꿇었다. 붉은 벨벳 커튼 뒤나 구멍 난 벽 사이에는 아무도 없었지만 나는 이 자세를 취하고 싶었다. 새로운 무언가. 나의 상체가 무릎 위에 놓였다. 나는 사제의 귀가 있을 법한 곳에 뺨을 기울였다.

"나는 어째서 당신에게 무슨 말이든 하려는 걸까요?" 나는 속삭였다.

내가 하려던 말이 아니었다. 하나의 정통성을 떠난다는 것은 모든 정통성을 떠난다는 뜻이다. 나는 이런 딱딱한 바닥에 무릎을 꿇는 데는 서툴러서, 천천히 일어나 마리아가 천사의 시선을 받고 있는 제단으로 걸어갔다. 길고 얇은 초에 불을 붙인 뒤 가리비 형태로 주조된 무쇠 촛대에 꽂았다. 동정녀가 환하게 빛났다. 그가 걸친 가운에 있는 금색 패턴은 인상을 남기기 위해서가 아니라 밝게 조명하기 위한 것이었다. 불꽃이 강렬해지면 교회는 더 어두워졌다. 나는 불꽃을 응시했다. 나는 눈을 감았다. 하지만 불꽃은 여전히 고요하고 신비하게 남아 있었고, 나는 바로 그런 몸짓 뒤에 시인의 구절을 떠올렸다.

"이제, 그대 영겁을 보았으니."

49

그것은 수태고지 같았다. 결정이 아니었다. 그것을 내가 가장 두려워하던 것으로의 초대라고 부르자. 사랑을 통한 자아의 상실. 순진무구하게, 기꺼이, 강박적으로. 그것은 운명을 통한 나의 영적 소멸이었다. 또한 그것은 물질적이었다.

나이 오십에, 나는 남편 브룩과 함께, 루이스 가쿰바Louis Gakumba에게 그래, 하고 말했다. 우리는 그가 미국에서 대학 교육을 받는 동안 그를 위해 집과 가정을 꾸렸다. 그는 24살, 콩고 왕자의 아들이었다. 그는 르완다에서 내 통역사였다. 어떤 것들은 통역이 불가능하다.

루이스와 나의 관계에 관한 모든 것이 나를 놀라게 했다.

내가 당신에게 할 말은 이렇다.

……

롤랑 바르트는 "이름 붙일 수 없는 것은 불안을 야기한다"고 말한다.

"여자들을 만족시키기는 불가능해"라고 한 친구가 말했다. "우린 아이가 너무 어리면 불안해해. 아이를 늦게 가지면 불안해하고. 아이가 아예 없는 경우도 불안해하지."

나는 루이스의 어머니가 아니지만 어머니가 되었다. 이것은 영원히 취약할 수밖에 없는 무언의 합의이다. 뜻밖에도 내 눈은 밤낮 시계를 향해 미끄러지고, 나는 그가 어디에 있는지, 안전한지, 길 위인지 집인지, 충분히 먹었는지, 건강한지, 나에게 원하는 건 없는지 궁금하다. 우리 관계의 연차는 중요하지 않다. 관습적이든 이단적이든, 우리는 심장으로 고통받고 학습한다.

르완다에서 흔히 쓰는 표현 중에 "그에게는 좋은 심장이 있다"는 말이 있다. 그걸 어떻게 알까? 우리는 다른 이의 목소리를 통해 그 사람의 심장이 어떤지를 안다. 음색은 단서이긴 하지만 척도는 아니다. 말은 생각을 보여 주긴 하지만 척도가 아니다. 나는 상대가 말할 때 나의 몸으로 들어오는 감정과 어조를 통해 그이의 심장 상태를 감지할 때가 가장 많다.

"자신에게 목소리가 있다는 걸 한번 알고 나면, 중요한 건 더는 목소리가 아니라 그 목소리 뒤에 있는 무언가예요." 루이스가 말했다.

루이스는 내 경청의 질을 향상시켰다.

르완다에서는 한 사람의 침묵이 사자의 으르렁거림으로 들릴 수 있다고 이야기한다.

50

　우리는 멕시코에 있었다. 브룩은 오두막 안에서 책을 읽고 있었다. 나는 찌르레기들이 목욕하는 야외 수영장에서 하늘을 바라보며 둥둥 떠 있었다. 나는 구름을 지켜보았다. 루이스는 나를 지켜보았다. 브룩이 차가운 수영장으로 들어왔다. 그는 물 위에 뜨는 법을 배우는 데 관심이 있었다.

　"신앙 행위 같은 거야." 내가 말했다. 그리고 물 위에 계속 뜬 상태로 팔을 십자가처럼 펼쳤다. 나는 일어섰다. 물이 허리에서 찰랑거렸다. "긴장을 풀고 뒤로 기대서 하늘을 쳐다보기만 하면 돼." 나는 손으로 브룩의 척추를 받쳤고 브룩은 뒤로 슬며시 기대면서 물 위에 떴다. 복 받은 잠깐 동안 그는 물 위에 떴다. 그다음 순간 그의 몸에 긴장이 들어갔다. 그는 물을 조금 마셨고, 기침을 했고, 몸을 확 뒤집어 갑자기 자세를 무너뜨리더니 일어섰다. 걷잡을 수 없이 덜덜 떨면서 물 밖으로 나가 안으로 들어갔다.

　루이스가 말했다, "그 얘긴 하지 말죠."

　내가 말했다, "내 입을 다물리려고 하는구나."

　루이스가 말했다, "내가 당신에게 말을 너무 많이 했잖아요. 조용히 있는 게 더 좋아요. 저는 과거의 나로 돌아가려는 거예요."

　"넌 돌아가지 못해." 내가 잠시 말을 멈췄다. "말에는 길이 있지." 그런 다음 다시 말을 멈췄다.

"어떤 길이요?" 루이스가 물었다.

그리고 나는 우리가 묵고 있는 빌라의 흰 회반죽벽에서 떨고 있는, 움직이는 야자나무의 그림자를 바라보며 사라졌다.

"당신 목소리는 당신이 가진 것 중에서 제일 거칠어." 브룩이 내게 말한다. "그리고 그걸 노출시키지. 당신은 그걸 알지도 못해. 당신의 강박이 당신 눈을 멀게 하고 있어." 브룩이 화가 나 있다. 압축해서 이야기한다. "당신은 자신을 잃어버리고 있다고."

자정이 지난 시간이다. 루이스와 나는 현관에서 이야기하고 있었다. 브룩과 머무는 오두막으로 돌아가는데, 해변에 한 줄기 빛이 보인다. 브룩의 헤드랜턴이다. 그이는 무릎을 꿇고 해변에서 모은 플라스틱으로 작품을 만들고 있다. 분홍 샌들 한 짝이 도개교이고 인형 팔이 작은 탑인, 디즈니보다는 가우디에 가까운 모래성이다. 색색의 병뚜껑이 모래벽에 붙어 모자이크를 만들어 낸다. 칫솔들은 게양한 깃발이 된다. 그는 말이 없다. 자신이 하려던 모든 말을 다 한 것이다.

파도가 다가와서 성을 무너뜨리고는 그만큼 재빨리 물러난다. 브룩은 굴하지 않는다. 계속 성을 쌓는다.

나는 모래 위에 서 있다. 파도가 내 발목 근처에서 넘실댄다. 전에 여기에 와 본 적이 있다. 내가 가 보지 못한 곳은 생에 대해, 하지만 이미 강력하게 구축된 생에 대해 책임감을 느끼며 루이스와 함께 경험하고 있는 것들이다. 나는 내 주의를 끄는 것에 완벽하게 집중한다. 루이스는 내 주의를 끌고 있다. 나는 몸을 떨며, 팔로 내 몸을 감싼다.

"고마워." 내가 말한다.

브룩이 나를 본다. 나는 정말로 눈이 멀어 있다. 그가 헤드랜턴을 끈다. 나는 모래 위에 무릎을 꿇고 그와 함께 무너진 곳을 복구하기 시작한다.

동지다. 월식이기도 하다. 브룩과 나는 루이스와 함께 곤충들이 붕붕대는 정글 가장자리에 서서, 태양이 달을 잡아먹는 모습을 지켜본다. 시간이 흘러 달은 하늘에 걸린 농익은 복숭아가 된다. 그림자는 다가올 때와 마찬가지로 서서히 물러서고, 우리는 달이 완전한 광휘를 되찾는 모습을 지켜본다.

치첸이트사Chichén Itzá에 있는 태양의 신전 앞에서 손뼉을 치면 케찰의 목소리가 되돌아온다. 그것은 메아리 그 이상이다. 마야는 믿음의 구조물을 지었다. 신의 성스러운 새, 케찰의 존재감은 한시도 사라진 적이 없다. 케찰은 누가 부를 때까지 자신의 목소리를 숨기는 법을 안다.

―

당신의 길 잃은 문장들을 말소하라. 그것 말고 다른 방식은 안전하지 않다.

나는 남편에게 인생은 신앙 행위라고 말했다. 그는 아니라고, 그것은 선택이라고 말했다.

어머니의 일기는 신앙 행위이자 선택이다.

51

"당신의 그림자, 당신의 고귀한 그림자는 어떤가요?" 이 말은 일본에서 친구들끼리 습관적으로 하는 인사말, 우리가 거부하는 것은 포용하는 것만큼이나 중요하다는 인정이었다.

나는 그림자를 뒤로, 때로는 앞으로, 종종 옆으로 드리우고 걷는다. 그것은 나의 변덕스러운 동반자다. 눈에 보이지만, 그러다가 숨어 버리고, 정해진 형태가 없는. 그림자는 암흑 속에서는 절대 만들어지지 않는다. 그것은 빛에서 탄생한다. 우리는 그것을 보지 못할 수도, 그것에 의해 보지 못하게 될 수도 있다. 그림자는 우리가 보고 싶지 않은 것을 보라고 요구한다. 우리가 자신의 그림자를 대면하기를 거부할 경우, 그림자는 우리가 눈길을 주지 않을 수 없도록 다른 누군가에게 스스로를 투사할 것이다.

어머니의 일기는 투사막이다.

어머니의 일기는 눈을 멀게 하는 빛이다.

어머니의 일기는 이글거리는 진실이다.

어머니의 일기는 표백되었다.

어머니의 일기는 위생 처리되었다.

어머니의 일기는 깨끗하다.

어머니의 일기는 깨끗한 침구다.

어머니의 일기는 투항의 백기다.

어머니의 일기는 혼령을 본다.

어머니의 일기는 목소리를 듣는다.

어머니의 일기는 욕망의 냄새를 맡는다.

어머니의 일기는 영겁을 더듬는다.

어머니의 일기는 자선이다.

어머니의 일기는 잔혹 행위이다.

어머니의 일기는 잘린 종이다.

어머니의 일기는 소금이다.

어머니의 일기는 상처를 동여맨 거즈로 되어 있다.

어머니의 일기는 질긴 마직물이다.

어머니의 일기는 흰빛으로 채색한 풍경이다.

어머니의 일기는 인쇄된 적 없는 프로그램이다.

어머니의 일기는 작성된 적 없는 리뷰다.

어머니의 일기는 작가의 실어증이다.

어머니의 일기는 작가의 착상이다.

어머니의 일기는 드러난 허영이다.

어머니의 일기는 어머니가 뺨에 문지르던 콜드크림의 소용돌이다.

어머니의 일기는 임시변통이라고 말하던, 어머니의 치아이다.

어머니의 일기는 햇빛이 차단된 보호물이다.

어머니의 일기는 치자나무 향이다.

어머니의 일기는 지면 위에 감도는
단어들이다.

어머니의 일기는 구름이다.

어머니의 일기는 뼈다.

어머니의 일기는 도난당했다.

어머니의 일기는 극락의 대리석이다.

어머니의 일기는 미켈란젤로의 다비드상이다.

어머니의 일기는 거트루드 스타인의 장미다.

어머니의 일기는 어머니가 승리한 테니스
경기다.

어머니의 일기는 포켓볼 게임의 큐볼이다.

어머니의 일기는 아직 자리에 놓이지 않은 흰 식탁보다.

어머니의 일기는 아직 입지 않은 흰 블라우스다.

어머니의 일기는 빨아서 접어 놓은 기저귀다.

어머니의 일기는 빨아서 다려 놓은 티셔츠다.

어머니의 일기는 한 번도 적히지 않은 글자들이다.

어머니의 일기는 어머니의 "진실의 보물들"이다.

어머니의 일기는 눈물의 스크랩북이다.

어머니의 일기는 얼음, 마른 얼음이다.

어머니의 일기는 거짓말이다.

어머니의 일기는 괴롭힘이다.

어머니의 일기는 수수께끼다.

어머니의 일기는 나에게 아무 말도 하지 않는다.

어머니의 일기는 나에게 모든 말을 한다.

어머니의 일기는 똑똑거리는 두드림이다.

어머니의 일기는 어느 방향으로 읽든 똑같은 글이다.

뒤로 그리고 앞으로. 내게는 한때 나와 자매였던 친구가 있다. 지금은 거의 말하지 않고 지내지만 종종 내 꿈에 나타난다. 나는 그를 생각한다. 요전에 그가 쓴 아름다운 편지를 발견했다. 그가 그립다. 사무치게. 우리는 죽음에 의해 끊어졌다. 우리의 관계는 죽음의 희생자였다. 우리는 깊은 고통 속에서, 친밀함의 기억이 한 오라기도 남지 않도록 심판으로 서로를 죽였고, 이제 나는 말해지지 않은, 또 다른 죽음, 한 우정의 죽음, 또 다른 상실, 또 다른 상처를 애도한다.

우리가 여자로서 서로에게 저지른 죄는 충분히 지지하지 않은 것이다. 우리는 상처를 준다. 우리는 서로 상처를 준다. 우리는 숨는다. 우리는 투사한다. 입을 다물거나 식언을 하고, 끓는 물처럼 부글대다가 어느 날 화산처럼 분출한다. 우리는 우리가 슬픔에 빠져 있다는 사실을 잊은 걸까? 많은 것이 우리 사이를 갈라놓을 수 있다. 특히 침묵 속에서는. 가장 단순한 형태의 오해는 시간이 지나면 질투가 된다. 나는 손상된 유대감을 치유하기 위해 가장 필요한 것은 함께하는 시간임을 알게 되었다. 내가 회피하는 것은 내가 가장 갈구하는 것이다.

표현되지 않은 감정은 어디선가, 어떤 식으로든, 안으로든 밖으로든, 미소나 독이 든 차와 함께 전달되는 무의식적인 공격성으로 가장 잔혹하게 표현될 것이다.

에스더 하딩Esther Harding은 1941년에 발표한 에세이 〈그림자〉에서 "그림자를 달고 있는 것은 죄가 아니라 의도이다. (……) 우리가 저지르는 행위 이면의 의도 또는 충동 또는 동기"라고 말했다.

내가 저지른 죄는 차용이라는 죄다. 나는 내가 복종하도록 배운 믿음과는 다른 믿음을 차용해 왔다. 하지만 시간이 지나면서 죄의 이 정의는 나의 기쁨이 되었다. 내 앞에는 다른 신들이 있다, 많이. 천국의 황금 왕좌에 앉아 있는 나이 든 백인 남자는 아무런 의미가 없는 존재다. 내게는 가지뿔영양이 사제 같은 권위를 가진다. 갈색지빠귀는 천사의 목소리로 노래 부른다.

나의 배신은 많고, 우발적이며 의도적인, 누락과 범함의 죄였다. 나의 펜은 상처를 입힐 수 있다. 내 말은 태울 수 있다. 나는 사라지는 법을 안다. 하지만 구원은 항시 가능하다. 나는 기도한다. 나는 회개한다. 나는 용서한다. 나는 용서받는다. 나는 내 그림자와 대화하려고 일기를 쓴다. 그리고 나는 기적을 행하는 사랑의 공동체의 힘을 믿는다.

어머니의 죄는 무엇이었을까?(나는 이 단어를 증오한다. 이것은 그림자가 하는 말일까?)

어머니의 죄는 어머니의 비밀이었다. 아마 어머니에게는 많은 죄가, 선반 세 개를 가득 채우는 죄가 있었으리라. 어머니의 죄는 단어가 없는 어머니의 신비한 일기장을 통해 아주 잘 간직되어 있다.

마야인들은 당신이 볼 경기장 중심에 서서 비밀을 말하면, 그 말을 들을 수 있는 존재는 당신이 그 말을 전하려 했던 대상뿐이도록 만들어 놓았다. 이것은 소리의 변형이 아니라 진실의 건축이었다.

우리는 우리가 하는 말을 모든 사람에게 전달하려고 하지는 않는다.

다른 사람의 의도를 누가 판단할 수 있을까?

어머니 일기의 의도는 무엇이었을까?

어머니의 일기는 내게 책장을 넘기라고 한다.

다시, 나는 매일 밤 잠자리에 들기 전에 떠올린다. 손가락을 그러쥔 채, 자신이 낳았으나 한 번도 품어 보지 못하고 이제는 입양된 아기를 상상하면서 자장가를 읊조리던, 내가 감옥에서 만난 어머니들을.

어머니의 일기는 나에게 입양되었다.

목소리를 갖기 위해 글을 쓸 필요는 없다. 어머니는 여러 세대에 걸쳐 자신의 아이에게 말을 건넨다.

52

그림자와 빛은 우리를 무릎 꿇게 하는 아이들이다. 무릎을 꿇은 채로도 기도는 짧을 수 있다. 필요한 게 노래인 때가 있다. 우리는 일어선다. 손가락을 오므리고 두 손을 꼭 잡고 소프라노의 가장 높은 음을 향해 핏대를 세운다. 우리가 도달한 음역은 유리를 산산이 깰 수도 있다. 자주 감동적이고 그보다 더 자주 부조리한 이것은 연극이 아니라 오페라다.

어머니의 일기는 오페라다.

세월은 내게 아리아를 선사했다. 오페라는 견해, 노래하는 관점이다. 그것은 나를 즐겁게 한다. 부조리극 오페라는 극단적이고, 번쩍이는 전형으로 정신없다. 여기서는 그 무엇도 도가 지나치지 않는다. 그 어떤 동작도 너무 크지 않고, 그 어떤 정황도 노래로 펼치기에 너무 작지 않다. 히스테리는 인간의 적절한 반응 범위 안에 있다. 내가 오페라를 즐기는 이유는 내 삶이 상대적으로 평온한 것처럼 보이게 해 주기 때문이다. 그리고 오페라는 온통 비교와 관련이 있다.

오페라 속에 사는 인물들은 금지된 이를 사랑하고, 선한 이를 살해하고, 자신을 모욕한 이를 용서한다. 그들은 도덕적 한계를 넘어선다. 그들은 플롯과 연기를 통해 자신의 동기를 전달한다. 그리고 우리는 대본과 결합한 음악의 마법을 통해 짜인 이야기의 복잡한 그물에 포획된다.

오페라가 우리를 감동시키는 최고의 소명에 도달하는 데 성공할 때면, 나는 그 어떤 예술 형태도 내 마음을 그렇게 강렬하게 사로잡을 수는 없을 것임을 깨닫는다. 어느 겨울날 오후, 나는 뉴햄프셔 하노버에서 낯선 이들과 함께 만석의 오페라하우스에 앉아 리하르트 슈트라우스의 실수에 관한 희극 오페라 〈장미의 기사〉를 관람했다. 아름답고 나이 들어가는 마르샬린이 자신의 젊은 연인 옥타비안에게 세월의 흐름에 대해 혼잣말하듯 읊조릴 때 나는 흐느껴 울었다. 나만 그런 게 아니었다. 클리넥스 휴지가 사려 깊게 옮겨 다니고 있었다.

"오페라에는 당신이 인생을 낭비했다고 경고하는 힘이 있다"고 웨인 쿠스텐바움Wayne Koestenbaum은 말한다. "당신은 욕망에 따라 행동해 오지 않았다. 당신은 제대로 성장하지 못한 대용품 같은 존재 상태에 신음해 왔다. 당신은 당신의 열정을 침묵시켰다. 오페라적 발화의 크기, 높이, 깊이, 풍부함과 과잉은 반대로 이제까지 당신의 몸짓이 얼마나 작았는지, 당신의 신체적 능력이 얼마나 빈약한지를 드러낸다. 당신은 타고난 육체적 재능의 일부만을 사용해 왔다. 당신의 목청은 닫혀 버렸다."

그 어떤 다른 예술 장르가 *가성*falsetto 같은 단어의 진정함을 드러내고 그것에 통달할 수 있을까? "목소리가 이상해지는 장소…… 나쁜 평판으로 점철된 유용한 즐거움…… 진실의 환각"이라고 쿠스텐바움은 말한다. 그는 그것을 "목소리

가장무도회"라며 찬미한다.

어머니의 일기는 가성, 목소리로 하는 가장무도회다.

오페라는 교활한 책략이다.

어머니의 일기는 교활한 책략이다.

오페라는 우리 앞에 놓인 볼거리에 주의를 기울이라고 요구한다. "음악과 글, 장엄함과 천박함, 고결함과 육욕, 청각과 시각, 신식과 구식, 살아 있는 것과 죽은 것 같은 화해 불가능한 것들의 거대한 무대"라고 토니 쿠슈너Tony Kushner는 말한다. "오페라는 사멸하는 게 당연했다……."
하지만 그렇게 되지 않았다.
아버지가 나를 데리고 취리히에 갔을 때 우리는 "오페라의 에베레스트산"이라고 알려진, 리하르트 슈트라우스의 〈그림자 없는 여인〉을 보았다. 아버지가 말했다. "나는 중간 휴식만 있으면 네 시간 동안 뭐든 참을 수 있어." 세 막 사이에는 두 번의 휴식 시간이 있었다.
〈그림자 없는 여인〉은 시인 후고 폰 호프만스탈Hugo von Hofmannsthal이 쓴 동화이자 노래의 원형이다. 그것은 한 여자의 목소리 변주들이라고 할 수 있다.
이야기는 이렇다. 두 여자가 있다. 그림자가 없는 한 여자는 영혼의 영역에 살고, 그림자가 있는 또 한 여자는 인간의 영역에 산다. 한 여자는 황제와 결혼한 황후이고, 다른 여자는 옷감을 염색하는 남자의 아내다.

아이를 갖지 못하는 황후는 그림자가 없다. 사흘 이내에 그림자를 찾지 못하면 남편은 돌로 변할 것이다. 황후가 영양이었을 때 그를 쓰러뜨렸던 붉은 매(황후는 숲에서 모습을 바꿀 수 있다)는 황제가 사냥을 떠난 동안 황후에게 이런 저주를 내린다. 황후의 아름다움에 사로잡힌 황제는 황후를 잃게 될까 두려운 나머지 그를 잠긴 새장에 가둔다.

황후는 유모의 도움을 받아 함께 그림자를 찾으러 지상으로 내려간다. 초라한 하인으로 변장한 이들은 염색공의 아내를 방문한다. 염색공 아내는 남편이 불만스럽다. 즐거움을 위해서가 아닌 자식을 갖고자 하는 욕망만을 위해 성관계를 하려는 남편의 속셈이 지루하고 달갑잖다. 유모는 염색공의 아내를 꼬드겨 협상을 시도한다. 어머니로서 미래의 삶과 함께 그림자를 포기하면, 부와 에로틱한 모험이 가득한 삶을 보장받을 수 있다고.

둘째 날, 유모가 황후를 증인으로 대동하고 염색공의 아내에게 다시 나타난다. 유모는 아내의 그림자를 대가로 얻을 수 있는 부와 유령 같은 연인의 모습을 마법으로 불러낸다. 염색공의 아내는 탐욕의 이 허상이 자신을 번영과 행복으로 인도하는 길이라고 믿고 끌어안는다. 그는 지루한 남편과 칙칙한 삶에 싫증이 나 있다.

그러는 동안 황제는 붉은 매를 따라 숲에 들어서고, 매는 황제를 그의 아내와 유모가 묵고 있는 누각으로 이끈다. 황제는 그들을 염탐한다. 황제는 황후에게서 나는 인간 냄새를 맡을 수 있다. 신과 인간의 어울림은 금지 사항이다. 그는 격분해서 황후를 죽이고 싶지만 자신이 사랑하는 여인을 해하고서는 제정신으로 살아갈 자신이 없다.

다시 지상으로 온 유모는 염색공에게 잠이 오는 약을 준다. 염색공이 잠든 동안 유모는 염색공의 아내에게 그림자와 맞바꾸는 대가로 얻을 수 있는 즐거운 인생에 대해 마지막으로 화려한 제안을 늘어놓으며 최후의 간청을 한다. 황후에게 남은 시간이 점점 줄어들고 있다.

선택을 놓고 갈등하던 염색공의 아내는 거절한다. 자신의 백일몽이 안긴 죄책감에 젖어 아내는 염색공을 깨워 자신이 욕망과 사치의 삶을 얻으려고 무엇을 내놓을 뻔했는지 털어놓는다. 아내의 고백에 감명받은 염색공은 아내와 사랑을 나누고 싶어 하지만 아내는 남편이 여전히 미래의 자식들을 위해서만 자신을 욕망한다는 사실을 확인한 순간 다시 욕지기가 치밀어 오른다.

그날 밤 숲속 누각에서 황후는 염색공과 아내의 선량함에 대해, 그들을 혼돈과 경멸의 장소로 몰아넣은 것에 대해 죄책감을 느끼며 괴로워한다. 황후는 이 인간 부부의 분투를 보면서 이들을 좋아하게 된 것이다. 황후는 염색공 아내의 그림자를 취할 수 없다. 그는 자신의 남편, 황제가 돌로 변하리라는 사실을 받아들인다.

사흘째 되는 날, 염색공의 아내는 남편에게 자신이 간통을 저질렀다고 거짓말한다. 아내는 미래의 아이들, 남편이 가장 욕망하는 바로 그것을 맹비난하면서 자신이 쾌락을 위해 그림자를 팔았노라 말한다.

유모가 성공했다. 황후는 그림자를 갖게 되고 황제는 목숨을 구할 것이다. 하지만 황후는 그 드라마를 가만히 지켜본다. 그들의 고통을 보고 있다. 한계에 도달한 염색공은 폭력적인 분노에 사로잡혀서 아내를 죽이려고 한다. 황후는 자신이 일으킨 분란에 가슴 아파하며 그들을 서로에게서 지키려고 절박한 심정으로 둘 사이에 몸을 던진다. 황후는 피로 물든 그림자를 원치 않는다. 남편에게서 이런 종류의 격분이 치솟는 모습을 본 적이 없었던 염색공의 아내는 마음이 누그러진다. 아내는 남편에게 자신이 거짓말한 거라고, 남편이 신경을 쓰는지 확인하고 싶었던 것뿐이라고 말한다. 아내는 간통을 저지르지도, 그림자를 팔지도 않았다. 부부가 포옹하려는 순간 영혼의 영역과 인간의 영역이 충돌한다. 염색공의 집이 폭발하고 땅에 삼켜진다.

오페라의 마지막 장면에서 염색공과 아내는 서로를 찾지 못하고 영혼의 영역에서 목적 없이 걷는다. 이들은 사랑과 회한으로 시달리며 길을 잃었다. 황후와 유모는 죄책감과 공포에 힘겨워하며, 사원의 입구에 닿는다. 그들은 생명의 물과 죽음의 문턱이 만나는 지점에 선다. 유모는 황후의 아버지인 왕이 황후를 인간계에 노출시켰다며 자신에게 노여움을 쏟아 낼까 겁에 질린다. 동시에 황후는 황제를 돌로 바꾸는 저주가 임박했음을 감지한다. 그림자를 향한 황후의 욕망은 이제 인간 부부의, 그리고 남편의 운명을 위험에 빠뜨렸다. 황후는 유모와의 관계를 끊어 버리고 인류에게 다짐한다. 부부의 고통을 보면서 변하게 된 황후는 이제 그들을 위해, 유의미하고 진실되게 자신의 삶을 기꺼이 저당잡힐 마음을 먹는다. 지상에서 황후는 고통 속에서도 마음껏 사랑하고 살아갈 자유가 존재한다는 사실을 목격했다. 영혼의 영역에서는 자신을 소유물로 여기는 황제에게 감금된 상태였다. 이들의 호사스러운 삶에는 어떤 자유도 없었다.

이중성과 속임수로 인해 유모가 붉은 매에게 붙들려 지하 세계로 추방된 그 순간, 황후는 영혼의 사자에게 생명의 분수 물을 마시라는 권유를 받는다. 황후가 물을 마시기만 하면, 염색공 아내의 그림자가 황후의 것이 되고 황제는 돌로 변하지 않을 거라는 말을 듣는다.

영혼의 사자는 황후에게 연금술을 부리는 물이 가득한 황금 성배를 건네고 황후에게 깊이 들이마시라고 권한다. 보글거리는 물소리 위로 황후는 인간 부부가 서로를 찾아 헤매면서 고통스럽게 울부짖는 소리를 듣는다. 날카로운 비통함과 명료함의 순간에 황후는 소리친다. "마시지 않겠어!"

분수가 사라지고, 바로 그 순간 황후의 뒤로 그림자가 드리워진다.

붉은 매가 등장하고 저주가 풀린다. 황제는 돌의 구속에서 벗어난다. 그는 아내의 힘을 경험하고 처음으로 황후를 자신과 별개의 개인으로 본다. 황후는 자신에게 부과된 시험을 통과한 것이다. 자신의 심장을 좇고 자기 목소리의 힘을 분명히 보여 준 황후는 자신의 그림자를 찾고 남편을 구속에서 해방시킨다.

황후의 이타적인 저항 행위, 고통과 타락의 피로 얼룩진 물을 들이켜지 않겠다는 거부는 그를 진정한 인간으로 탈바꿈시켰다. 용기가 그의 그림자를 탄생시킨다. 그는 자신의 그림자를 통해 목소리를 발견했다. 목소리를 갖게 된 그에게서 진실함이 우러나온다. 염색공과 그의 아내는 다시 결합한다. 이들의 태어나지 않은 아이들의 목소리가 환희에 젖는다. 화합이 회복된다.

황제와 황후, 염색공과 그 아내는 어둠과 빛의 수렴을 축하한다. 평화가 선포된다. 환희가 충만하다. 함께 드리워진 이들의 그림자가 조화의 다리를 창조한다.

아버지는 넋이 빠졌다. 우리 둘 다 그랬다. 세 시간이 넘도록 우리는 이 이야기 속으로 빠져들었다. 나는 모든 등장인물 속에서 내 모습을 보았다. 통제하는 이와 통제당하는 이, 특권을 누리는 이와 억압당하는 이, 그림자가 없는 여자와 자신이 가진 그림자에 고마움을 느끼지 못하는 여자. 신화에는 무의식 안에 있던 것을 수면으로 끌어 올리고 우리가 보지 못하는 것에 얼굴을 입히는 힘이 있다.

내 안에서 무언가가 스스로 해체되기 시작했다.

붉은 매가 등장할 때마다 날개의 퍼덕임이 플루트로 표현되었다. 나는 〈피터와 늑대〉를 통해 이런 여행을 하는 법을 미리 익혀 두었다. 악구가 재등장할 때 그것은 이정표가 되어 이야기의 오솔길을 헤쳐 나갈 수 있도록 우리를 인도했다. 선율의 반복은 위안이, 이 가상 세계에서 내가 서 있을 수 있는 장소가 되었다. 처음에는 거슬리던 모티프가 결국 멜로디로 변모했다.

슈트라우스의 음악적 표현은 등장인물의 아리아와 이중주로 이루어진 길고 지속적인 선율 안에서 창조되고 유지되면서 가락이 있는 시로 탈바꿈했다. 말은 순수한 감정 속으로 소멸했다. 나의 영혼이 둥실 떠올랐다.

내가 입을 열자 새 한 마리가 밖으로 튀어나왔다고 말한다면 믿겠는가?

아버지 역시 나와 마찬가지로 감동에 젖었다. 중간 휴식 시간에 아버지는 어머니의 존재가 갖는 힘 때문에 자신은 거의 말하지 않았다고, 드물게 내게 털어놓았다. 아버지는 말할 필요가 없었다. 어머니가 아버지 몫을 대신했다. 어머니가 돌아가신 뒤에야 아버지는 사회적인 어울림을 제대로 시작했다.

"사람들이 내가 다이앤이 죽은 뒤로 훨씬 사람들하고 잘 어울리는 것 같대." 아버지가 말했다. "요즘은 친구들하고도 더 잘 어울려." 아버지가 잠시 말을 멈췄다. "나는 혼자 지내면서 많이 배웠단다. 누군가가 배우자나 자식을 잃었다는 소식을 접하면 다음 날 그냥 그 집 문을 두드려. 내가 무슨 말을 하는지는 중요하지 않아. 중요한 건 내가 거기 있다는 사실이지."

아버지는 이제 우리 삶에도 더 많이 개입한다. 아버지의 목소리는 점점 부드러워지고 있는데, 이런 음색은 어릴 때 아버지의 행동을 통해서 말고는 거의 알지 못했던 것이다. 할아버지 잭도 똑같았다. 우리는 미미가 돌아가신 뒤에야 할아버지를 제대로 알게 되었다.

아버지와 나는 슈트라우스의 애통하면서도 가슴이 벅차오르는 음악의 포물선에 함께 귀 기울였을 뿐만 아니라 우리 안에 인간 조건의 모든 음역이 들어 있음을 느꼈다. 나는 아버지의 손을 잡고 싶었지만 감히 그렇게 하지 못했다. 격렬함과 확신으로 채색된 오페라의 목소리들이 호프만스탈의 야심 찬 오페라 대본 안에서 열정과 고통의 빛깔이 되었다.

오페라가 끝나고 커튼이 닫힐 때, 우리는 오페라하우스의 칸막이 석에 나란히 서서 열렬히 박수갈채를 보냈다.

어머니의 일기는 흰 장갑의 갈채, 하나가 열릴 때마다 터져 나오는 앙코르다.

신화는 현실을 더 이해하기 쉽게 해 준다.
— 제니 홀저

어머니의 일기는 신화다.

53

어머니는 내게 일기장을 남겼고, 그것들은 모두 비어 있었다.

어머니의 일기는 내 일기와의 그림자극이다. 나는 말과 결혼한 여자다. 말은 그림자를 드리운다. 그림자가 없으면 깊이가 없다. 그림자가 없으면 실체가 없다. 우리에게 그림자가 없으면 우리가 보이지 않는다는 뜻이다.

그림자가 있는 한, 나는 살아 있다.
그림자가 있는 한

이름이 황후인 그림자 없는 여자는 인간이 아니라 영혼의 왕국에서 남편에게 사로잡힌 수감자다. 우리 모두 무언가에 사로잡힌다.

어머니의 감옥은 어머니에게 규정된 역할이었다.

어머니는 역할을 수행했다.

많은 역할들.

어머니에게는 이름이 있다, 다이앤 딕슨 템페스트라고 하는. 나는 어머니의 이름을 부를 것이다. 어머니는 일기에 글을 남기지 않았지만 가족에게 편지를 썼고 교회에서 했던 모든 발표문을 가지고 있었다.

어머니가 지지했던, 평등권 수정안을 지지하는 운동이 일었을 때 어머니는 릴리프협회 내 어머니가 속한 여성 모임에서 이런 발표를 했다.

> 여성이 교육받는 건 중요한 문제입니다. 저는 요즘 올바른 여성이 된다는 건 이전 어느 때보다 많은 노하우와 용기가 필요하다고 생각합니다. 모르몬교 여성들이 평등권 수정안과 관련된 사안을 알지도 이해하지도 못한다는 사실은 변명의 여지가 없어요. (……) 수년간 전 세계에서 일어난 여성인권운동에서 비롯된 좋은 점 중 하나는 여성 스스로에게 찾아온 지적 각성입니다. 우리의 살아 있음의 정도는 깨어 있음의 정도에 좌우됩니다. (……)
> 그저 정신없이 흘러가는 하루하루 속에서 삶을 살아갈 때는 우선순위가 뒤섞이기가 아주 쉬워요. 엄마 노릇 아내 노릇으로 분주한 일과 속에서 어떻게 우리 자신을 위한 시간을 찾을 수 있을까요.
> 때로 가족이 당신을 한 인간이라기보다는 일련의 기능들로 생각하는 게 아닌가 싶을 때가 있으신가요? 저는 문득 멈춰 서서 정말 나는 누구일까 자문할 때가 있어요. 나에게 누군가의 아내, 누군가의 엄마라는 것 말고 나만의 정체성이 있을까? 나는 무엇이 되어야 할까? 지금 내 인생의 이 시기에 나는 무엇을 하고 있어야 할까? (……)
> "여자의 인생에는 중요한 이틀이 있죠. 자기가 태어난 날, 그리고 그 이유를 발견한 날."

그다음 어머니는 마리아와 마르다 이야기를 했다.

　　마리아와 마르다는 예수님의 좋은 친구였죠. 예수님이 그들의 집에 들어가자 마리아는 예수님의 발치에 앉아서 말씀에 귀 기울였지만 마르다는 손님을 맞을 준비에 분주했어요.
　　마르다는 많은 일에 너무 신경을 쓰느라 우선순위가 뒤죽박죽되어 버린 거죠. 손님이 머물 수 있도록 집을 정돈하는 일이 그보다 더 중요한 일, 그러니까 손님의 방문이라는 사실보다 앞에 와 버린 거죠.

　나는 어머니의 발표문을 접어서 어머니가 작성을 거부했던 일기장 중 하나에 끼워 놓았다. 어머니는 수년간 일기장을 한 권 한 권 구입했지만 그 안에 단어 하나 쓸 수 없었고 자신의 신념을 따르지 못했다. 어머니의 일기는 어머니의 그림자다. 거기에는 어머니의 깊이와 실체가, 알려짐에 대한 거부가 들어 있다.
　어머니는 자신의 역할을 거부했다.
　"나는 하지 않겠어." 황후는 목소리를 있는 힘껏 내지르며 소리쳤다. 황후는 생명수가 보글거리는 황금 분수의 물을 마시기를 거부했다. 거기에는 다른 누군가의 희생이 따를 것이므로. 어머니가 자기 삶의 진실을 적어 내려갔더라면 어머니는 그로 인해 다른 누군가가 대가를 치르게 된다고 믿었고 그것을 두려워했다. 어머니는 사랑하는 이가 자신의 일기를 읽고 상처받기를 원치 않았다. 그리고 우리는 우리의 일기가 미래에 읽히리라고 믿으며 자란다.

미래는 어머니가 한 번도 갖지 못했던 사치품이었다. 어머니는 매일 희고 뜨거운 화염 속에서 살았다. 서른여덟의 나이에 피할 수 없는 죽음을 직면했고 막내아들 행크가 스물이 될 때까지 살았다. 어머니는 자식 돌보기를 마무리했다. 스스로에게 했던 맹세대로.

여자들의 의지는 생의 의지다.

슈트라우스의 오페라 〈그림자 없는 여인〉의 마지막 노래는 태어나지 않은 아이들이 부른다. "어머니 (……) 당신을 난처하게 만든 문제 (……) 남들은 잘 모르지만 우리가, 손님이자 주인이 아니었더라면, 당신은 잔치 같은 날들을 살았을 텐데."

살아감과 사랑함의 본질은 호혜 행위다. 우리는 흔히 손님이 되는 것은 받는 것이라는 말을 듣는다. 주인이 되는 것은 주는 것이라는 말을 듣는다. 하지만 그 반대라면 어떨까? 주인에게 주는 쪽이 손님이고, 사랑하는 이들을 환대하고 먹이기 위해 식탁을 차릴 때마다 손님으로부터 받는 게 주인이라면. 손님이자 동시에 주인이 되는 것은 존중과 기쁨에 입각한 선물의 상호 교환을 상상하는 것이다. 우리가 이 진리를 받아들일 수 있으면 어쩌면 여성으로서 순교자가 될 일이 적어질지 모른다.

식탁 차리기.
우리는 무엇을 위해 식탁을 차리고 있을까요?

어머니와 미미가 대화를 나눈다.

미미가 말한다. "변신이지, 다이앤."

54

그 광경에 대한 놀라움과 경외심 속에서 내 목소리는 계속해서 아름다움으로 차오른다. 종다리들의 환희, 찌르레기들의 종알거림, 까마귀들의 살해, 올빼미들의 회합. 그리고 진실의 비밀 안에는, 숲속에 숨어서 천둥 치는 사이사이 노래하는 갈색 지빠귀 한 마리의 반복되는 용기가 있다. 내가 감동에 젖어 발언이나 행동을 하게 되는 건 슬픔 속에서가 아니라 남아 있는 것의 아름다움 속에서다. 죽어서 분해되고 있는, 미드웨이 환초의 앨버트로스 한 마리는 이제 바다에서 소용돌이치는 태평양 쓰레기에서 나온 플라스틱을 머금고 있는 날개들의 둥지다. 우리는 공포 속에서 무릎을 꿇고 용서를 구할 수 있다. 아니면 외면하거나. 하지만 산들바람을 타고 둥실 떠올라, 머리 위에서 울부짖는 앨버트로스는 거대한 교량 같은 날개로 공중에 매달려 있다. 그것은 우리에게 응답하라고 손짓하는 존재다.

"난 범죄자가 아니야! 난 아무도 안 죽였다구!" 소년이 소리쳤다. "그냥 죽고 싶었던 것뿐이야."

우리는 자신의 손목을 그으려 했던 15세 남자아이가 고통 속에서 몸부림치는 것을 지켜보았다. 아이 옆에는 법에 따라 아이에게 수갑을 채워야 했던 경찰이 있었다.

나는 메인메디컬코스트클리닉의 대기실 안에, 주로는 부

상당한 바닷가재잡이 남자들과 함께 앉아 있었다.

응급실에 들어가서 사무원에게 사과의 말을 건넸다. "뭐가요?" 그이가 물었다. 과민반응을 해서요. 이제 내 증상을 설명하고, 혈압을 확인하고, 체온을 재고 나서 나는 그게 정말인지 확인하려고 기다리고 있었다.

자정이 넘은 시각. CT 촬영과 심전도를 비롯한, 몇 시간에 걸친 검사가 끝난 뒤, 의사의 보조원이 나를 조용한 방으로 안내했다.

"환자분의 뇌 왼쪽에 최대 치수로 11.8×8.6밀리미터로 측정되는 연조직 밀도가 있어요."

나는 보조원에게 이해할 수 있는 언어로 말해 달라고 부탁했다.

"이걸 정확히 어떻게 말해야 하는지는 모르겠어요." 그이가 말했다. "환자분에게 뇌종양이 있고 그래서 발작이 온 것 같아요."

나는 막 들은 말을 받아들이지 못하고, 웃기 시작했다. 그 순간 의사가 방으로 들어왔다. 우리 대화를, 그리고 내 낯선 마음을 이미 확인한 의사가 끼어들었다. "이렇게 말해 볼까요. 1점부터 10점까지 눈금이 있으면 환자분은 8점이에요."

그 말에 사태가 분명하게 이해되었다.

나는 유타에 있는 브룩에게 전화를 걸어서 무슨 일이 일어나고 있는지 전했다. 내 오른쪽 몸에 감각이 없고, 시야가 흐릿하고, 말이 어눌해졌다고. 브룩은 귀 기울였고 거의 말하지 않았다. 브룩은 공항에 도착하는 대로 제일 빠른 비행기를 타겠다고 했다. 캐슬밸리가 범람하는 중이었다. 친구와 이웃들이 그 경로에 있는 집을 지키려고 한밤중에 플레이서크릭에 모래주머니를 나르고 있었다. 우리 집도 그 경로에 포함돼 있었다. 브룩이 전화기를 들고 밖으로 나갔고, 나는 불어 오르는 강이 우리 집을 지나 소협곡을 관통해 으르렁거릴 때 내는 천둥소리를 들을 수 있었다.

나는 내 눈가에 긴 상처를 낸 매를 보았다. 매는 총알 같은 속도로 급류가 흐르는 강 위의 협곡 사이를 내달려 먹이를 쫓고 있었다. 이때 매가 나를 쳤다. 눈앞이 보이지 않았다. 기습 공격을 당했다. 나는 휘몰아치는 내 생각들이 유발한 공포에 사로잡혀, 사나운 소용돌이에서 도망치지 못한 채, 회오리 안에 둘러싸여 있다.

사막의 갑작스러운 홍수처럼, 물이 급습하기 전에 반드시 비가 오는 것은 아니다. 나는 늘 내 죽음은 걷기나 단어를 향한 길 찾기를 방해할 육체의 마비를 통해서가 아니라, 우아한 날갯짓으로 도착하리라 믿었다.

나는 계속 생각했다. *이건 내 얘기가 아니야, 이건 내 얘기가 아니야.* 완전히 기진맥진해서 피로의 안락함과, 얇은 면 담요를 덮은 채 누워 있는 차갑고 딱딱한 들것이라는 현실에 굴복하기 전까지. *여기가 내가 있는 자리야,* 나는 생각했다. *정말 놀랍군.*

매가 절벽에 자리를 잡듯 마음이 차분해지면서 다른 관점을 포착할 수 있었다. *정말로 뇌종양이면 어쩌지? 어떻게 살아야 하지? 발작이 한참 진행 중인 거면 어쩌지? 어떻게*

살아야 하지? 나는 아무 문제가 없고 이 모든 게 실수면 오류라면? 그러다 나는 깨달았다. 내 탐문의 어둠 속에서, 결과는 중요하지 않음을, 어차피 똑같은 질문이 남게 된다는 것을.

간호사가 체온을 재러 들어와서 전등을 갑자기 환하게 켰다. 나는 일어나 앉아, 눈을 가늘게 뜨고 시계를 보았다. 흰색 시계 판 위에서 검은색 바늘 두 개가 어지럽게 돌기 시작했다. 불과 몇 초 만에 24시간이 돌아갔다.

"당신 뇌 때문이 아니에요." 나의 혼란을 알아차린 간호사가 사무적으로 말했다. "시곗바늘이 계속 빙빙 돌고 있어요. 왜 저러는지 모르겠어요."

다시 솔트레이크시티로 돌아온 나는 확진을 받는다. 의사의 표현에 따르면 내 뇌의 "유창한" 부분 또는 베르니케의 뇌라고 하는, 은유와 패턴화된 마음이 살고 있는 언어 이해의 집에 해면상 혈관종이 있다고 한다. 그것은 혈관의 작은 타래로, 양성일 가능성이 있고, 고인 혈액의 주머니들이 다발로 모여 있어서 라즈베리와 비슷한 모습이다. 간단히 말하면 내게 출혈이 있었고 그래서 마비가 왔다. 그건 언제든 다시 일어날 수 있다. 과거의 출혈이 미래의 출혈을 예언한다. 치료는 두 가지 형태로 이루어진다. 뇌수술, 아니면 기다리면서 지켜보기.

신경외과의와의 대화는 이렇게 진행되었다. "제가 환자분의 두개골 뼈를 둥글게 잘라 낼 거예요. 우리는 환자분이 의식이 있는 상태에서 뇌 안으로 들어가서 비행 금지 구역,

그러니까 환자분의 언어 센터에 최대한 위험이 적게 가도록 하려면 피해야 하는 부위가 어디인지를 확인하기 위해서 몇 가지 이해력 테스트를 할 거예요. 그다음에 환자분을 마취하고 기형 부위를 제거하고 다시 동그란 뼈를 맞춘 다음 6인치짜리 티타늄 판에 나사를 박아서 덮고 피부를 다시 늘어뜨리고 꿰매서 봉합한 다음 환자분이 어떻게 회복할지 지켜볼 거예요."

"무슨 뜻이죠?" 내가 물었다.

"무슨 뜻이냐면, 환자분이 내가 하는 말을 이해할 수 있는지 혹은 말할 수 있는지를 기다리면서 지켜봐야 할 거라는 거예요."

나는 더 이상 의사의 말에 귀 기울이지 않았다.

그에게 내 뇌 이미지를 한 번 더 볼 수 있을지 물었다. 컴퓨터 화면에 마우스를 클릭하자 내 해면종이 엑스레이 이미지에 되살아났다. 나는 그 흑백의 이미지를 응시했다. 내가 총알구멍을 보고 있는 건지 빛의 창을 보고 있는 건지 분명하지가 않았다.

유타대학교에서 콜럼비아대학교 신경학과에 이르기까지 두 번째와 세 번째 선택지를 제시한 의사들은 모두 같은 질문을 던졌다. "불확실성을 안고 얼마나 잘 살 수 있을까요?"

"다른 뭐가 더 있죠?" 내가 말했다.

나는 아무것도 하지 않기를 택한다.

진단을 받고 나서 몇 주, 몇 달 동안 나는 새가 나오는 꿈을 꿨다.

어머니의 일기는 바람에 의해 펼쳐질 때 새들,
흰 새들의 날개가 된다.

흰 새들. 흰 공작들. 흰 올빼미들. 흰 비둘기와 까마귀들. 내 꿈에 나온 이 흰 새들은 흰 곰과 흰 늑대가 있는 얼어붙은 풍경 속에 기거하고, 나는 내 안에 무엇이 얼어붙은 것인지, 내가 감정에 아주 열려 있다고 생각했던 세상에서 무엇이 나를 무감각하게 만들었는지 생각한다.

몸은 거짓말을 하지 않는다.

2010년의 가장 깊은 겨울에 나는 메인주에서 열린 한 아름다운 젊은 여성의 추도식에 참석하고 있었다. 언어에 재능이 있었던 그는 대학을 갓 졸업한 전도유망한 작가였다. 때로 우리는 에세이와 이야기를 교환했다. 그는 영민했고, 불손했고, 자신의 완벽함이 당기는 힘 때문에 망가졌다. 그가 거식증에 자아를 내주었다고 말하는 것은 그가 겪은 공황의 지리를 알지 못한다고 인정하는 것이다. 우리는 안다. *나는 결코 충분해지지 못할 거야. 사라지고 싶어.* 집단 투쟁이 사적인 성격을 띠게 되었다. 그는 지쳤다. 그는 단호했다. 그는 자신의 목숨을 끊었다. 그리고 공동체가 그의 사랑하는 부모와 형제 주위에 모여들어 다 같이 책임과 후회의 짐을 짊어졌다.

교회 안에서 안내인은 모두 아버지들이었고, 그 주 내내 유족의 집으로 음식을 나르고 유족이 자신의 집에서 위로받으며 손님처럼 지내도록 시중을 든 이들은 어머니들이었다.

나는 우리가 크고 작은 몸짓으로 큰 슬픔을 관통하는 동안 어떻게 서로에게 부모가 되어 주는지를 생각했다. 내 눈이 그 여성의 재를 담고 있는 우아한 수공예 상자-한 이웃이 손으로 만든-에 꽂혔다. *우리 모두는 잿더미로, 스러진다.* 어린 시절 그가 뛰어놀았던 숲이 단풍나무, 자작나무, 발삼전나무의 기억 속에 그를 품고 있다. 분홍 튤립이 제단 가장자리를 부드럽게 어루만진다. 에밀리가 제일 좋아하는 꽃. 그렇다, 나는 그의 이름, 아름다운 그 이름을 말할 것이다, *에밀리*라고.

우리 가운데 누가 자기 행동의 결과를 완전히 이해할까?

우리가 로렌 아이슬리Loren Eiseley의 〈새들의 심판The Judgment of the Birds〉을 읽는 목사의 목소리에 귀 기울이는 동안 겨울의 혹독한 빛이 흰 첨탑이 있는 교회 스테인드글라스 창을 통해 타올랐다.

> 그곳의 태양은 따스했고, 숲속 생명의 웅얼거림이 내 잠 속으로 부드럽게 흐려지며 들어왔다. 빈터에서 어떤 소란과 아우성 같은 것을 어렴풋이 느끼고 일어나 보니 빛이 소나무 사이로 비스듬히 흘러내려 그 빈터가 거대한 성당처럼 환하게 빛났다. 나는 그 긴 빛기둥 안에서 먼지 같은 나무 꽃가루들을 볼 수 있었고, 거기 길쭉한 가지에는 부리에 꿈지럭대는 빨간 어린 새를 물고 있는 거대한 큰까마귀 한 마리가 앉아 있었다.
>
> 나를 깨운 소리는 어린 새의 부모들이 그 빈터 주위를

빙빙 돌면서 내지르는 분노에 찬 외침이었다. 날렵한 검은 괴물은 그들에게 관심도 없었다. 큰까마귀는 꿀꺽 삼키고서는 부리를 죽은 가지에 대고 잠시 갈더니 가만히 앉아 있었다. 그 시점까지 이 작은 비극은 일반적인 패턴을 따랐다. 하지만 난데없이 그 숲 전역에서 부드러운 불만의 소리가 터져 나오기 시작했다. 작디작은 부모들의 비통한 외침에 이끌린 여남은 종의 작은 새들이 그 빈터를 향해 훨훨 날아왔다.

어떤 새도 감히 큰까마귀를 공격하지는 않았다. 하지만 그들, 유족도 유족이 아닌 자도, 거기서 어떤 본능적인 공통의 비탄을 담아 울부짖었다. 빈터는 그들의 부드러운 바스락거림과 외침으로 가득 찼다. 그들은 마치 날개로 살해자를 가리키듯 퍼덕였다. 그들은 큰까마귀가 어떤 희미한 무형의 윤리를 위배했음을 알았다. 그 새는 죽음의 새였다.

그 살해자 새, 생의 심장에 있는 그 검은 새는 여느 때와 같은 빛 속에 몸을 번뜩이며, 공포심을 불러일으키며, 움직임도 동요도 없이, 범접할 수 없는 자태로 거기 앉아 있었다.

한숨이 잦아들었다. 그때 나는 심판을 보았다. 죽음에 대항하는 생의 심판이었다. 다시는 그토록 강렬하게 제시된 모습을 보지 못할 것이다. 다시는 그렇게 비극적으로 지속된 음색으로 그것을 듣지 못할 것이다. 저항의 한가운데에서 그들은 폭력을 잊었기 때문이다. 거기, 그 빈터에서 멧종다리의 수정 같은 음색이 고요 속에 머뭇거리듯 울려 퍼졌다. 그리고 고통스런 퍼덕임 끝에 마침내 또 다른 새가 그 노래를 받고, 그다음 새로 이어졌고, 노래는 그렇게 한 새에서 다음 새로 넘어갔다. 처음에는 마치 어떤 사악한 것이 천천히 망각되고 있다는 의심이 들 정도로. 갑자기 힘을 내서 흔히 새들이 노래한다고 알고 있는 대로 숱한 목청이 함께 즐거이 합창할 때까지. 그들이 노래한 것은 생이 향기롭고 햇볕이 아름답기 때문이었다. 그들은 큰까마귀의 음울한 그림자 아래서 노래했다. 단순한 진리 안에서 그들은 큰까마귀를 잊었다. 그들은 죽음이 아니라 생을 노래하는 새들이었으므로.

나는 교회에서 나와 쓰라린 추위 속으로 걸어 들어갔다. 보통 캐롤라이나 북부에서는 잘 보이지 않는 오색멧새 한마리가 경로에서 이탈해서 눈보라의 후미에 흘러 들어와 눌러앉았다. 나 역시 경로에서 이탈한 상태였다. 저 새를 봐야만 했다. 그 새가 자주 찾는 모이통을 관리하는 남자의 집으로 찾아가 벨을 눌렀다. 알고 보니 그는 페놉스콧 만에 있는 모든 섬을 담당하는 목사였다.

"내일 아침 6시 45분에 다시 와요." 그가 말했다. "녀석은 시간을 꽤 잘 지키거든요."

나는 오색멧새와의 데이트 약속을 지키기 위해 메인주 해안의 눈으로 다져진 도로를 어둠 속에서 운전했다. 문을 두드렸다. 목사가 문을 열고 들어오라고 했다. 그의 아내가 커피 석 잔을 만들고 있었다. 그 집의 유일한 빛이 주방의 장작 난로에서 뿜어져 나왔고, 주방에 있는 커다란 전망 창이 바깥의 모이통이 담긴 풍경을 전했다. 오전 6시 반이었다. 우리는 말을 멈추고 긴 정적과 함께 앉아 있었다. 메인주 사람들은 절대 불필요할 정도로 말을 많이 하는 법이 없다. 오전 6시 43분이 되자 그 오색멧새가, 마치 그림자와 빛의 주름 사이에 찾아온 꿈처럼, 도착했다. 새가 머물렀던 짧은 7분 동안 새의 실루엣에서 색채가 점점 두드러졌다. 그리고 여명이 녀석의 자그마한 깃털 등에 닿자 녀석은 화염처럼 타올랐다. 붉은색, 파란색, 그리고 녹색. 녀석 주위에는 다른 새가 한 마리도 없었다. 모이통의 입구를 독특하게 톡톡 두드리며 해바라기씨를 한 번에 하나씩 먹는 녀석은 혼자였다. 이윽고 새는 날아갔다.

그 후로 나는 흰 새가 나오는 꿈을 꾸지 않았다.

어머니의 일기는 닫혀 있다.

한 달 뒤 또 다른 우연한 약속. 나는 뉴햄프셔 하노버의 스피리스갤러리에 들어간다. 정신을 차려 보니 제비와 칼새를 잘라 낸 형상들이 소용돌이치는 새-검은 새, 검정과 회색이 섞인 새, 회색과 흰색이 섞인 새, 빨간 새-작품 앞에 서 있다. 이 새들은 흰 벽을 배경으로 활기를 띤다. 새 하나하나가 그것을 제자리에 박아 둔 핀의 길이에 따라 퍼덕이며 비행한다.
검정과 흰색, 검정, 검정과 회색, 빨강, 빨강과 회색, 파랑, 이 새들은 갤러리 안에서마저 예측하지 못한 속도감을 만들어 낸다. 〈붉은 소용돌이Red Swirl〉는 뉴멕시코에 사는 예술가 줄리아 바렐로Julia Barello가 만든 설치미술이다. 작가는 칼새와 제비를, 그들이 붉은암석 벽에 장난을 치는 불쾌한 폭염을 어떻게 가지고 노는지를 이해한다.

갤러리는 비어 있다. 나는 의자를 끌어온다. 새들의 소용돌이는 사막에 생생하게 살아 있는, 내 안에 생생하게 살아 있는, 기쁜 친숙함으로 기입된다. 그럼에도 뭔가가 상당히 부적절하다. 나는 심란함을, 고요한 상심을 느낀다. 나는 놓여나기 전에 내 컵 모양의 손안에서 퍼덕이는 갇힌 새처럼 질문을 품고 있다.

모든 새가 날개에 텍스트를 짐처럼 짊어지고 있다. 아주 작고 흰 문장들, 너무 작아서 멀리서는 읽기 어려운 파편들. 나는 지금까지 이 특징을 알아차리지 못했다. 자리에서 일어나 작품을 향해 걸어가서 더 자세히 들여다본다. 머리칼이 쭈뼛 선다. 이 새들은 MRI, 그러니까 6개월 전 내 뇌에 있는 해면종을 보여 준 것 같은 자기공명 이미지들의 엑스레이 필름으로 만들어진 것이다!

나는 내 감각이 마비되었는지 확인해 보기 위해 오른손의 피부를 꼬집는다.

새 한 마리 한 마리가 이미지이고 존재감이고 한 사람이다. 나는 여기에 재현된 사람들이 살아 있는지 아니면 죽었는지 궁금하다. 뇌의, 뼈의, 장기의 부분적인 엑스레이 필름들이, 여기저기 흩어진 그들의 신원을 나타내는 글씨들과 함께 새로운 상상을 거쳐 재구성되어 있다. 하지만 위험에 처한 한 사람의 증거는 남아 있다. 나처럼. 하나의 이미지는 확고하고 이름을 가진, 진단명이 된다. 이름 붙일 수 없는 것은 심란함이다.

어머니의 일기는 심란함이다.

세상에 대한 감각이 마비되는 것은 또 다른 형태의 자살이다.

나는 나 자신이 내 날개에 적힌 문장에서 분리되는 것을 느낀다. 우리는 어떻게 자신의 진단명 너머로 이동할까? 나는 새들에게, 내 손에서 타고 있는 오색멧새의 잉걸불에 의지한다. 그래, 난 경로에서 이탈했다. 멧새는 폭풍에 갇혀서 눌러 앉았다. 나는 나 자신이 만든 폭풍 안에 갇혀 지냈다. 회오리바람. 세상-바람. 마음이 산란해지고 갈 곳을 잃은 상태로. 길 잃기라는 상처입히기를 통해 나는 나 자신을 교정할 수 있다. 우리는 부정과는 다른 형태로 우리 삶에서 도망쳐서 물러남의 기술을 통해 진정한 자아로 되돌아갈 수 있다. 뇌 안에서 목격한 것이든 겨울의 여명에 목격한 것이든, 우연한 풍경들은 우리에게 확실함 같은 것은 없음을 상기시킨다. 튤립들은 생이 중단된 뒤에도 춤을 춘다.

그리고 우리는 그 놀라움을 품어 안는다.

어머니의 일기는 놀라움이다.

이 소용돌이의 중앙에 있는 빨간 새가 속도를 높인다. 다시 말해 보자. 속도. 단어들은 저마다의 속도가 있다. 나는 단어로 이루어진 여자다. 내게서 단어들을 가져가면 뭐가 남을까? 내 패턴화된 정신이라는 재능이 편평해지더니 날아가기 시작한다. 새 같은 단어를 이해하는 어떤 능력도 남기지 않고-가까운 이들만을 남긴 채-나를 떠나버린다.

나는 피를 흘린다. 나는 감각이 마비된다. 이것이 나를 두렵게 한다.

어머니의 일기는 나를 두렵게 한다.

이제 빛이 이동하고, 새의 그림자들이 갤러리의 흰 벽에 더욱 도드라진다. 한 마리 한 마리의 그림자가 내게 말을 건다. 그림자 하나하나가 형태의 속도를, 맹렬함을 배가한다. 그림자, 나의 그림자가 이제 그들의 그림자와 합쳐진다. 하강. 상승. 날개의 속도는 각성의 속삭임을 만들어 낸다.

어머니의 일기는 각성이다.

나는 어떻게 살아야 할까?

우리가 살고 있는 시대의 아름다움과 고통을 모두 느끼고 싶다. 무감각해지지 않은 채 살아남고 싶다. 상처를 주는 단어들을 내뱉고 이해하면서도 그것들이 내가 거주하는 풍경이 되지 않게 하고 싶다. 어둠을 별의 영역으로 끌어올릴 수 있는 가벼운 손길을 가지고 싶다.

이 혈관성 기형은 출혈과 함께 파열할 수 있다. 아니면 나는 취약한 세상에서 그저 취약한 한 인간으로서 나의 존재에 감사하며, 새들의 노래를 길잡이 삼아 계속 살아갈 수도 있다. 시간은, 성스러운 시간은, 의식의 가속이 아니면 무엇일까? 우리에게 주어진 문장을 바꾸는 방법은 아주 많다.

—

우리는 그것을 혼자서 할 수 없다. 우리는 그것을 혼자서 한다.

> 인간의 마음은 항상 앞으로 나아가지만, 그것은 소용돌이 형태의 진전이다.
> — 마담 드 스탈

우리는 어떻게 살아야 할까?

옛날 옛적, 여자들이 새였을 때, 새벽에 노래하는 것과 저물녘에 노래하는 것은 세상을 기쁨으로 치유하는 일이라는 단순한 이해가 있었다. 새들은 우리가 잊어버린 것, 이 세상이 축복받아 마땅하다는 사실을 아직도 기억한다.

어머니의 일기는 축복받아 마땅하다.

에필로그: LIV(E)살아가다

그레이트솔트레이크 가장자리에 설치된 미술작품 〈나선 방파제Spiral Jetty〉를 걸으며 나는 어머니의 목소리를-밖에서가 아니라 내면에서-듣는다. 물이 빠졌고, 돌로 된 나선이 안으로 말리면서 중심을 향해 길을 만들어 낸다.

루이스와 나는 말없이 그 나선을 걷는다. 우리에게는 두 친구가 있다. 남자 하나, 여자 하나. 그들 역시 말없이 걷는다. 나는 지금까지 로버트 스미스슨의 대지예술을 한 번도 본 적이 없었다. 나는 의식이 필요할 때까지 기다려 왔다.

건조한 호수 바닥에서 뿜어져 나오는 열기가 시공간에 왜곡을 일으키면서 소금 결정들이 일렁이는 빛의 프리즘이 된다. 우리는 사막과 물과 하늘로 이루어진 꿈의 풍경 속에 둥둥 떠 있다. 나의 내해, 지금은 증발한 나의 눈물 분지가 우리를 품고 나를 지탱한다. 어머니가 돌아가신 지 24년이 되었건만, 그 어느 때보다 어머니의 존재감이 강렬하게 느껴졌다. 이 층층의 풍경 속에서 나는 주위의 변화들을 알아차린다. 그보다 더 중요한 것은, 내가 그것들을 느낀다는 것이다. 상승하는 그레이트솔트레이크에 덮여 있던 〈나선 방파제〉가 지금은 드러나 있다. 나처럼. 내 심장은 열려 있다. 그레이트솔트레이크가 은빛 날처럼 수평선에서 반짝인다.

나는 내가 목소리에 대한 책을 쓰고 있다고 생각했다. 여성으로서 우리는 어떤 희생을 감수하고라도 우리 삶의 진실을 말해야 한다고 주장할 거라 생각했다. 하지만 루이스가 내 뒤에서 걷고 있을 때 내가 깨달은 것은 나는 내 심장에 있는 것을 절대 말할 수 없으리라는 사실이다. 언어는 우리를 좌절시키므로, 보호는 우리의 본능이므로, 공적인 것과 사적인 것을 구분해야 하는 때가 있으므로. 우리 안에 있는 성스러운 것을 비밀이 아니라 기도로서 간직하는 행위는 위안을 준다.

세상은 이미 쩍 벌어진 채 열려 있고, 그것을 치유하는 것은 우리의 운명이다. 하나씩 우리만의 방식으로, 우리만의 시간 안에서, 우리의 것인 재능으로.

우리는 나선의 중앙에 선 채 우리를 내리누르는 광막한 고요 안에서 몸을 회전한다. 방향 감각이 사라진다. 남자들이 떠난다. 여자들이 남고, 우리는 함께 소금 사막 위에 누워 서로를 바라보며, 지구에 귀를 대고, 듣는다.

나는 어머니의 목소리를 듣는다.

일생 동안 나를 품어 안아 준 이 사랑하는 풍경의 비어 있음 속에서 나는 어머니의 일기를 또 다른 역설로, 상상의 서사를 만들어 내는, 말들 없는 일기로 받아들인다.

어머니의 재능은 미스터리다.

하루하루 나는 빈 지면과 함께 시작한다.

감사의 말

책은 공동체 안에서 창조된다. 메인주 서리의 앤 머지 배커, 와이오밍주 잭슨의 아넷과 이안 커밍, 글쓰기 안식처를 제공해 준 이탈리아 돈니니의 베아트리스 몬티 델라 코르테 그리고 산타 막달레나 재단에 감사의 마음을 전하고 싶다. 축복에 대해 마리아 휴즈와 닉 시처만에게, 누슈에 대해 보니 맥두걸과 캐시 실버에게, 언어에 대해 엘렌 식수에게, 오페라에 대해 레오 트리틀러에게, 오색멧새에 대해 킴 리들리와 톰 커리에게, 제비에 대해 줄리아 바렐로에게, 나선 방파제에 대해 비키와 로버트 뉴먼에게, 건강에 대해 톰 밀러, 제니퍼 마제르식, 스탠 리저, 스테이리 세이에게, 믿음에 대해 로리 그레이엄에게, 깃털들에 대해 메리 토스카노에게, 파라, 스트라우스 앤 지루 출판사에 대해 대니얼 피펜브링, 애비 카건, 로드리고 코랄, 제프 시로이, 케이시 데인먼에게, 피카도르 출판사에 대해 데이비드 로저스, 엘리자베스 브루스, 가브리엘 간츠에게, 교정교열에 대해 매튜 로스차일드와 벤 조지에게, 그리고 감상에 대해 릭 바스, 린 데일바웃, 레아 안드레아스, 메리 프랭크, 스티븐 트림블, 모넷 클락, 미키 홀리헌, 앤디 프라이드랜드, 캐롤 폴트, 로라 카말라, 엘리너 블리스, 빌 헤덴, 테레사 카바조스 컨, 빌 리저, 스토리 클락, 에버리와 펠리시아 리저, 리와 에드 리델, 벳시 버튼, 캐런 셰퍼드, 제랄린 화이트 드레퓌스, 앤 밀리켄, 애나벨 밀리켄, 캐롤 스톡햄, 행크 템페스트, 댄 템페스트, 린 템페스트, 베키 윌리엄스, 렉스 윌리엄스, 스티븐 바클레이, 칼 브랜트에게 감사의 마음을 전한다. 그리고 당연히 통찰에 대해 사라 크리치턴에게, 집에 대해 존 템페스트, 루이스 가쿰바, 브룩 윌리엄스에게도.

옮긴이의 말

어머니가 남긴 빈 일기장에서 시작된
54편의 여정

　섬세한 독자라면 눈치챘겠지만 저자는 자신의 어머니가 세상을 떠날 때의 나이, 그리고 자신이 이 책을 쓴 시점의 나이와 동일한 수에 맞춰서 54개의 장을 구성했다. 이 54개의 장은 어머니가 임종을 앞두고 자신에게 물려준 일기장이 백지임을 알고 그 백지 일기장의 의미를 찾기 위한 저자의 여정으로 읽힌다. 이 여정은 생전의 어머니 한 사람에 대한 탐색에서 그치지 않고, 새에 조예가 깊었던 할머니에 대한 기억, 유타 토박이인 저자의 모르몬 문화, 야생, 탐조 등과 관련된 성장 경험들, 보존주의 운동에 운동가이자 작가로서 역사적인 기여를 하게 된 일화까지 뻗어 나간다. 가족, 섹슈얼리티, 낙태, 사랑, 결혼, 환경, 교육, 정치, 종교, 상실 등 복잡하고도 심오한 질문들에 대한 생각을 빈 일기장 위에 하나하나 채워 나간다. 그리고 마지막 장 54장 뒤에 로마자로 55라는 의미의 LIV에 (E)를 덧붙여 LIV(E), 즉 '살다'라는 의미의 장을 추가한다. 마지막 장까지 '어머니의 일기는 ○○이다'라는 숱한 문장들로 어머니의 일기를, 어쩌면 백지 일기장처럼 홀연히 부재 상태에 빠진 어머니의 삶과 어머니라는 존재를 잡아 두고자 안간힘을 쓰던 저자가 마지막 장의 제목으로 제시한 단어 LIVE는 아무래도 의미심장해 보인다. 주제넘은 해설을 보태고 싶진 않지만, 이는 저자의 보존주의, 생태주의 운동가로서의 세계관과도 연결되는 게 아닐지.

이 책에도 약간 언급되지만 저자인 테리 템페스트 윌리엄스의 어머니와 두 할머니는 암으로 세상을 떠났고, 저자는 이 비극이 네바다의 핵실험과 관련이 있다는 확신을 가지고 반핵운동에 투신했다. 이 책보다 앞서 1992년에 출간된 저자의 또 다른 에세이집 《안식처: 가족과 장소의 부자연사 Refuge: An Unnatural History of Family and Place》에는 어린 시절 온 가족이 자동차를 타고 이동하던 중 핵실험 장면을 직접 목격한 기억을 더듬는 대목이 나온다. 드넓은 야생의 땅은 누군가에게 영감과 영성의 보고이지만 화폐 가치로 환산되지 않는 무언가를 알아보는 눈이 없는 안쓰러운 이들에게는 쓸모없는 폐허의 땅일 뿐이어서, 안타깝게도 유타와 바로 붙어 있는 네바다주에서는 1992년까지 무려 700회에 가까운 핵실험이 진행되었다. 공개 언론에서 확인되는 수치가 이 정도라면 공개되지 않은 수치는 어느 정도일지 아득할 뿐이다. 방사능 낙진이 바람을 타고 이동하는 경로에 사는 사람들을 뜻하는 '다운윈더스 downwinders'였던 저자의 가족들 가운데 어머니와 두 할머니, 그리고 여섯 명의 숙모, 이모, 고모가 모두 가슴 절제술을 받았다. 저자의 운동가로서의 또 다른 면모를 잘 보여 주는

《안식처》의 에필로그 '외가슴 여인족'이라는 에세이는 이 여성 가족들을 피해자라는 틀에 가두지 않고, 전투력을 상승시키기 위해 한쪽 가슴을 잘랐다는 그리스신화의 아마존 여전사 이미지를 투사하여 큰 울림을 남겼다.

혹자는 가족, 변화, 환경, 상실이라는 주제가 병렬적으로 나열된 이 책의 구성이 다소 산만하다고 느낄지 모르겠다. 하지만 나는 황무지를 향한 예찬과 새에 대한 사랑, 어머니의 삶과 죽음 그리고 어머니가 남긴 수수께끼와도 같은 침묵이 '빈 일기장'이라는 신비로운 장소에서 매우 유기적이고 필연적으로 연결되어 있다는 느낌을 떨칠 수가 없다. 어머니의 죽음이라는, 대개는 인생에 단 한 번 경험하는 사건을 불과 몇 년 전에 통과한 상황이고 보니 나는 책 안으로 성큼 빨려들지 않을 수 없었다. 비록 나의 어머니는 자식에게 빈 일기장 같은 부담되는 미스터리를 남기는 건 상상조차 못할 분이셨지만. 내 어머니는 페미니즘을 공부하기는커녕 딸을 수평적인 관계로 여기는 것조차 불편해할 만큼 당신 세대의 사회적 요구에 너무나도 순응적이었고, 그로 인해 모녀간에 짜고 시고 맵고 쓴 불화의 날들이 이어지기도 했다. 그럼에도 어머니가 내 몸 곳곳에 찍어 놓은 화인들은 너무나도 생생해서 어머니를 떠나보내고 적지 않은 시간이 흘렀음에도 화들짝 놀라는 일이 잦다.

처음 검토를 의뢰받고 'When women were birds'라는 제목

의 원서를 펼치자마자 강렬하게 빨려드는 몰입감에 거의 앉은 자리에서 한 번에 다 읽어 냈다. 나에게는 대단히 드문 그 경험이 그저 주관적인 성향 때문인지, 작품의 매력 때문인지 얼른 다른 독자들과 이야기를 나누며 확인해 보고 싶다. 아울러, 그동안 잊고 있던 생태적 감성을 다시금 일깨워 주고, 강렬했던 여행의 기억뿐만 아니라 내 어머니와의 관계와 마지막 순간까지 다시 곱씹을 수 있게 해 준 선물 같은 책을 믿고 맡겨 준 강설애 편집자님에게 감사하다는 말을 지면에 꼭 남겨 놓고 싶다. 마침 책이 마무리되는 시점이 겨울인 덕에, 아주 오랜만에 서해 어딘가로 탐조 계획을 세워 봐도 좋을 성싶다. 나아가 갖은 핑계로 오랫동안 밀쳐놓았던 나의 '빈 일기'를, 그 속에 잠들어 있던 나의 목소리를 용기 내어 깨워 보아도 좋으리라.

    2022년 2월 성원

빈 일기
— 침묵을 넘어 진화하는 여자들

2022년 2월 18일 처음 찍음

지은이 테리 템페스트 윌리엄스
옮긴이 성원
펴낸곳 도서출판 낮은산
펴낸이 정광호
편집 강설애
제작 정호영
출판 등록 2000년 7월 19일 제10-2015호
주소 04048 서울시 마포구 어울마당로5길 16 반석빌딩 3층
전화 02-335-7365(편집), 02-335-7362(영업)
팩스 02-335-7380
이메일 littlemt2001ch@gmail.com
제작 상지사 P&B

ISBN 979-11-5525-150-8 03840

- 이 책 내용의 일부 또는 전부를 재사용하려면
  반드시 저작권자와 도서출판 낮은산 양측 동의를 받아야 합니다.